フリーターにとって「自由」とは何か

杉田俊介

人文書院

弱い者たちが夕暮れ　さらに弱い者を叩く／その音が響き渡れば　ブルースは加速してゆく／見えない自由が欲しくて　見えない銃を撃ちまくる／本当の声を聞かせておくれよ

（THE BLUE HEARTS「TRAIN-TRAIN」）

市場モデルでは、誰もが平均的個人で、その平均的個人同士が競争し合っている世界である。しかし、現実の市場競争は全く違っている。市場原理主義は、強者にのみゆとりを与え、弱者同士を競わせる。強者はゆとりをもって競争できる。彼らは弱者と競争する必要はない。他方、弱者にとって、そもそも強者は競争の相手にはなりえない。競争をやっても、はなから、かなうはずもないからだ。だから、弱者にとって、競争相手はあくまでも弱者である。弱い者は同じ弱い者を蹴落とさなければ、生き残れないのだ。

（金子勝「未来が見えない」）

「貧乏は恥ではない」。その通り。／しかし人々は貧乏人をはずかしめる。はずかしめた上で、（「貧乏は恥ではない」という）けちな格言で慰めるわけだ。格言は、かつて名望があり、今やとっくに没落した連中から出ている。「働かざるもの喰うべからず」という残酷な格言も、出所は同じだ。労働が労働する者を養った時代には、恥ではない貧乏もあった。貧乏は凶作やほかのめぐり合わせのせいだった。けれども窮乏が数百万人の生まれつきとなり、数十万人の足かせとなる時、それはおちぶれる者の恥となる。汚辱と悲惨が、見えない手で築かれた高い壁のように、彼を取り巻いてくる。／誰しも、自分では多くのことに耐えられるが、耐えているのを妻に見られることは、そして妻にも耐えさせるのは、当然にも恥かしいものだ。／個人は一人なら多くのことに耐えられるし、隠しておけば何にでも耐えられるかもしれない。しかし、貧困が民衆の上にも家族の上にも巨大な影を落とすとなれば、人は貧乏と講和しているわけにはいかない。そうなれば、彼は人々に与えられる一切の恥辱に対して、感覚を研ぎ澄ませていなければならない。彼の受苦がもはやなだれおちる怨恨の下り坂ではなく、叛乱の上り坂を、細々とであれ切り拓くに至るまで、その感覚を鍛え上げねばならない。

（ベンヤミン「一方通交路」、訳語一部変更）

子供らを被害者に／加害者にもせずに／この街で暮らすため／まず何をすべきだろう？

（Mr. children「タガタメ」）

フリーターズ・フリーへ向けて

――ようこそ、現実の砂漠へ！（『マトリックス』）

ぼくはこの文章を、現にフリーターとして生きるあなたたちに読んでもらいたくて書いた。

というか、ぼく自身が、昨日も今日も相変らずフリーター的で、長期的な安定や保障とはまったく縁遠い生活の中でもがいている（介護労働者で、世間の「フリーター」のイメージとはちょっと違うかもしれない）。ヴィジョンは若干あるけれど、数年後どうなるか全然わからない。ひきこもり／ニート／野宿者的な生活状態に自分がある予感はぬぐえない。多くの人々と同じく、足元も覚束《おぼつか》ない暗中模索が、今後も延々と続くだけだろう、たぶん。

何かを嘆いたりしたくはない。そんな権利も資格もない。そのほとんどは、ぼくの人生上の私的な脱落、自業自得だから。それは完全に逃れられない事実だ。ただ、自分が組み込まれ、当り前のように生活し続ける労働環境について、当り前で不可欠な知識や情報がほしい、その先でよりよい人生と未来を構想したい。長い間そんな思いに焼き焦がされてきた。

もちろん、フリーター問題に関心や接点のある正規職員や主婦層（等）の人にもひろく読んでもらえたら嬉しいし、共に何かを考え、何かを本当の意味で共に変えていけたら、もっと嬉しい。

でも、読んだひとを「安心させる」「慰める」「現状肯定させる」つもりはない。

逆に、それだけはしたくないと思った。

灰色の現実は常に圧倒的に重苦しいものであり、これを勇気をもって見つめ続ける先にしか、希望のかすかな陽光は射し込まないのではないか。基本線ではやはりそう考えるし、考えざるをえない。

はっきりいって、今のぼくらは、想像を絶するひどい状態にいるのではないか？

経済的に窮し餓死寸前の貧困の中に常時ある、という意味ではない。ぼくらは第三世界に住んでいないし、近隣の絶対的貧困層——誤解を覚悟で言えば、最重度の身体・知的・精神障害者の一定部分のような——でもない。生活の水増し＝ちがいは純粋に認める。まずはそこからでないと、何もはじめられない。しかしまた、強いられた《貧しさ》の意味はそれだけでは済まない。(★1)

開発先進国の内側では、真の格差の問題は「ない」のではなく、見えにくくなる。巧妙に覆い隠される。ぼくらにとっての真の《格差》とは、敗北の経験の積み重ねの果てにぶち当たる「見えない」壁のようなものだ。その事実の自覚は、決して「被害者意識」——それは簡単に他人への過剰な攻撃性へ転ずる——と同じではない。

必要なのは、現実のふくざつさに巻き込まれながら、ニセの心理的な「格差」（わかりやすく人を動員しやすく、それゆえ広く消費され流通する）と、見えないがどうしようもなく現実的な《格差》を、ぎりぎりのところで見極めていくことではないか。

ぼくは、決して誰かを恫喝《どうかつ》し煽《あお》りたいのでもない。

今も多くの労働者は、はっきりと生きることも死ぬこともできないまま、日々の未来なき仕事を積み重ね、徐々に魂と骨肉を削られ、日々酷使される化学石鹸みたいにすり減っている。

何かが変だ、これでいいはずがない、でも誰もがこんなものか、でも本当にそうか、でも…と曖昧に自分を納得させ、いつしか自分の本音を押し殺した事実も記憶も洗い流し、適当な趣味や恋愛を刹那的に愉しみ、本当の苦痛や絶望や友愛の可能性を、本当に大事な何かをずるずるとやり過ごしていく。自分はしょせん社会の負け犬だ、才能も親の財産もなくたまたま運が悪かった、それだけだ、奴らは運が良かった、この社会的ポジションの格差（たまたま）は自力ではどうにもならない、云々と自傷的な言い訳を続けて…。

でも自分で思い込んでいるより、いやそう思い込みたいよりも、実際はつねにはるかにひどい状態ではないか、これは！　しかも、時間の経過と共に少しずつひどく、自分一人だけでなく、身近な人々を——本当に心から愛する人々こそを——大渦みたいに巻き込んで、刻々とのみつくしていく、そんな〈どうしようもなさ〉（helpless）…。そう感じる。

友人がこう言った。

「現実はジェイムズ・キャメロンの映画『タイタニック』みたいなもので、沈没しつつある船内で、純愛を貫き他人の生命を守る人、他人を押し退け自分だけ生き残ろうとする人、現実を変えられなかった自分の罪の重さにただ呆然とする人、すべてを諦める人、死にゆく他人を励まし演奏を続ける人、船員としての職務をまっとうする（そしてその職務の重さに耐え切れぬ）人、貴族の形式的な矜持《きょうじ》を貫く人、神に祈り縋《すが》る人——それらすべて、生の土壇場で剝き出しになる決定的な生き方の違いにもかかわらず、すべては結局ただ等しく——脱出用ボートに乗りこめた特権的人々を除いて——冷たく凍結した海底にのみこまれていく…」と。

そんなタイタニック的沈没状況の中でぼくらに必要なのは、まず、目の前のわけがわからない「現実」という大海を、その複雑さや重苦しさのうねりを、たんにありふれた事実として見つめる勇気、勇気と共に一つずつていねいに分析していく知性ではないか。

その先でたとえば、腐海と汚泥の底から「自分（たち）のためだけではない」という最小限《ミニマム》の倫理感覚の原石をつかみ出し、腹の底に蓄え、鍛えあげていく…。それは、結局はあなたたちが、あなたたち自身の人生のぜんたいでつかみ取るしかないものだ、ぼくがぼく自身の人生のぜんたいでそうする他ないように。最後の断崖では、誰も頼れない。自分の四肢——あるいはそれ以外の身体部分——で、腐《ふ》朽《きゅう》しくずれゆく大地にじかに立つ（這いずる）卑近《ひきん》なありふれた他者を愛するゆえに。

今のぼくはそんなふうに信じるが、あなたたちはどうなのだろう、あなたたちの「本当の声」は？真実のすり切れた声が、声にならないくぐもった呻《うめ》きと呟《つぶや》きが、今は切に聞きたい！

そのためのささやかなきっかけや情報くらいは、この場で少しは差し出せるかも知れない。この一冊がほんの少しでも人生上の役に立つなら、心の底から嬉しいのだけれど。

目次◉フリーターにとって「自由」とは何か

フリーターズ・フリーへ向けて

第I部　現在へ——現状分析論

第Ⅰ部　現在へ――現状分析論

はじめに

誰とたたかうべきか？——ささやかだけれど、譲れない信の問題

一九九八年、日本では年間自殺者が三万人を超えた（戦後の自殺者数は一五〇〇〇から二五〇〇〇人の範囲で上下し続けていた）。一日八〇人を超える。年間交通事故死者数の三倍（！）に当る。しかもこの数字は「決行から二四時間以内に死亡した」ケースのみで、低く見積もっても既遂者の一〇倍になるという「未遂者」を含まない。

その自殺者の内、約三分の一は、経済・生活上の理由から自殺すると言われる（警察庁生活安全局地域課「自殺の概要資料」、平成一六年七月発表のものはたとえば http://www.npa.go.jp/tokei/chiiki4/jisatsu.pdf）。中高年男性のリストラ自殺や過労・鬱による自殺が多いが、他の年代でも増加傾向にある。経済上の破綻や負債が、ただちに、人生全体の破綻や回収不能な不良債権と感じられる、感じられるべきだと強圧される、そんな重力は日本国内に根深くある。ＷＨＯの調査では、日本人の自殺率は（旧ソ連・東欧圏を除くと）主要先進国ではトップだという——世界全体の自殺者数はもはや「殺人や戦争の死者の総計を上回る」[★1]（毎日新聞二〇〇四年九月九日）。

すると自殺の問題は、比喩でも何でもなく、国内の戦争／内戦／抗戦の問題の一つと考えられる。

もちろん、一人の人間が自殺した真実の「原因」なんて誰にもわからない。家族や友人でさえ。あるいは当人でさえも。そのことの謎と重さの前には、ぼくらは永遠に佇《たたず》み続けるしかない。さかしげな統計や分析など粉々に砕け散る。何かをわかったつもりにはなれない、絶対に。そうだ、自分自身についてさえも。しかし、その「謎」の絶対的重みの尊重だけにとどまるわけにもいかない。

病気や事故による寝たきり（寝かせきり?）などの状態で「尊厳死」を選ぶ人たちの多くが、自立した生活を今後二度と送れないこと、家族や他人に生涯依存する他なく、「迷惑」をかけ続ける状況に耐えられずに死を選ぶと言う（立岩真也『弱くある自由へ』）。少なくない人が、尊厳死・安楽死を自分から選んだとは必ずしも言えない。自分で選ぶ、とは口にする。安楽死の権利、自己決定権がある、とも。確かにそんなぎりぎりの権利を完全に廃絶する権利は誰にもない（と、さまざまな留保の先でぼくは結局そう考える）。

でも、もう少し立ち止まれないか。実際にはあなたたちは、周囲の圧力と無言の抑圧の中で、死の自己選択を強いられているだけかも知れないからだ。すると、ある人の安楽死（その自己選択）のよい悪いを道徳的に判断する手前で、きちんとていねいに問い続けなければいけない制度や社会条件の問題が、この世には無数にある。しかし――もちろん、単に「社会が全部悪い」と言い切ってしまえば、ひとりの他者の〈自死〉という未知の鉱物のような永久の謎は、やはり雲散霧消し、この世から消えるだろう、あとかたもなく。

必要なのはまず、この微妙な灰色の領域、ひとつの事件の《現場》からものを考え、考え続けることだ。

ゆるされるならぼくは、自分の手で生活に必要なお金を稼ぎ、家族やパートナーからさえ、経済面で自活したい。ただひとり、継続して生きのびうる自立の力が欲しい。

当然だけれど、スタート地点でうまく立ち回ったお陰で実力以上のポジションを勝ち取り、その既得権益にだらしなく依存する生き方は、自律でも何でもない。初期条件の偶然と僥倖《ぎょうこう》——何点かの偶然が重なりたまたま今の社会的ポジションに居座われる——を謙虚に認める勇気がなく、すべてが自分の能力・努力の賜物だと尊大にも（それは地に足のついた自信の根本的欠如の裏返しだが！）思いたがっているだけだ。生活レベルでの真の《存在》の差異は、自らの足元＝複合的な地盤の、神経を鋼鉄でえぐるような検証の先にかすかに輝くだけなのに。

「わたし」が「あなた」を心から愛するのは、「あなた」がいないと生きられないからではない。「わたし」も「あなた」も、もちろんすべての目眩と寂寞《せきばく》に耐え続け、ただひとりで生きられる。生きられないでたまるか。ただ、「わたし」が一人で居る時よりも「あなた」と居る時の方がよりよい「わたし」でありうるし、よりよい「あなた」でありうるから——しかもその時も、ぎりぎりまで接近した彗星同士が宇宙空間の片隅で永久にすれ違っていくように——そうしたい。

たかがお金がない、安定した仕事がない、経済能力がない、それらの不足と欠損が、あなたが「生きる価値がない」ことを意味することは絶対にない、絶対に。

あとで述べるが、日本では伝統的に、近代市民権の感覚——生存権の社会的保障を含む——が稀薄で、個人のアイデンティティを公的保障ではなく〈会社〉と〈家族〉が支えてきた。そのため《会社＝家族》からの脱落と放逐が、過度に深刻な人格崩壊を招きやすい。戦後日本のそんな構造的特性がまずある。でもそれだけではない。社会と歴史の特性を完全に除去しつくしても、なお悪性腫瘍のように同じ問いがしぶとく残るからだ。
存在の価値と経済的価値は等価ではない。ぼくたちが今後、徐々にくつがえしてゆきたいのは、まずそんな社会的な通念や圧力、当事者自身の魂をこそ根ぶかく強いる自傷的な思い込み（もう駄目だ、という生自体への諦念や侮蔑）だ。

いや、早急にわからないでほしい。ぼく自身も魂的に「わかる」とは今は言い切れない。これは当たり前の感覚でも甘っちょろい理想論でもない。全部社会の側が悪い、自己責任はゼロだ、と責任転嫁的にわめきたいのでは全然ない。逆に、自己責任の謎はそんな単純なものではない、「すべて自業自得だろ」とも「すべて社会が悪い」とももうかつには言えない——そう言い切ってしまえばやりきれない〈謎〉の重みは消える——とシンプルに述べたい。すべてはそこからだ。

そのシンプルな日常という現場の厚み（自己責任／環境責任の狭間）を確認した上で、ぼくが本当におそろしい、粉々に打ち砕きたいと、切迫と共に感じるのは、歴史上の勝利者であり続ける《かれら》の暴力が、自発的にふるわれる暴力でさえなく、心からの善意や福祉精神や倫理観ゆえになされる神々しく美しい暴力、そのことで「責任」を、負傷し出血する側の自業自得として押し込める暴力、心底傷つき生命を打ち枯らした人こそを自傷的な罪悪感と自己否定（の連鎖）へと強いる暴力、傷つく当の人々の存在をこの世にはじめからいなかったかのようにのみこんでいく致命的な暴力だからだ！
物騒なリスクをおかして言い切ると、こんな社会とその《構造》のぜんたいを根こそぎにするための

「見えない銃」としての生活原理、この世に産み落とされたすべての生存を——理由も根拠もなく、つまり何か（国籍や性別や能力や人権）のためにではなく——等しく生かそうとする（もちろん、一人ひとりの多様さと自由に向けて）「見えない自由」の原理、いわば神的な原理は、崖っぷちのぎりぎりの攻防線では、ぼくらのなけなしの武器としてあってもいいのではないか。まじめに生きれば生きるほど鬱血し、より弱い者たちへと強いられる「見えない」暴力が底辺部でこそ無限にくりかえされる限りは。

でもその「見えない」自由は、さしあたり目に見えないだけで現実に「ありえない」わけではない。むしろありふれたこの世界を決して「斜めに」ではなく、ある角度からまっすぐにながめればいつでもそれはある。あるのだけれどもあまりに近過ぎるし、当り前の生活の表皮に埋没しているから「見えない」。

他方で、ぼくは次の事実を認める。無数の苦境と窮乏の底で、自分以外の何ものにも頼らず執拗《しつよう》に勝ち残る人々はいる、よくも悪くもなく、そんな凄みのある屈強な人々は常にいると。

でも勝ち残った山頂の一握りが、勝ち残れない中腹や裾野や登山以前の人々の生存を——たまたま社会的に「強い」ポジションにいるからといって——「君は弱い」「すべては君の自業自得だ」と切り捨てられるのか。そういうものなのか。素朴な、あまりにも素朴な違和感を、ぼくは半永久的にどうにもできない。

いや、人の価値観や主義主張は自由だ。自分の傷や出血と共に他人のその権利は絶対に確保する。それはいい。自称リベラリストの本当の卑劣さと欺瞞は、その先にある。あなたたちが、自分の原則（自由権＝私的所有権）を真に貫いて「弱い人間は自由競争の中では切り捨てられて仕方ない、死んでも仕方ない」と断言する勇気を欠く点がそうだ。あなたたちは最低限、自分が誰を本当に傷つけ、殺しているか、何億人と殺し続けているか、その金属製の心臓に刻んでおけ。最低限の礼儀じゃないか。

この世には、つきつめると、他者に向けてぎりぎりの場——つまり、自分が不利益や餓死の危機に置かれかねない場——で「生きろ」という思想と「死ね」という思想の二種類しかない。

原理的に考える限り、根本的《エレメンタル》な抗争＝対立の分離線は、「右」か「左」かというやや曖昧な敵／味方の陣地戦にはなく、私的所有（自由権の主張と「自分の身体は自分のものだ」＋「自分の生産物は自分のものだ」）を原理化するか、分配（弱者の生存保障と多元的な平等の主張）を原理化するかにある。

ぼくはその「死ね」の重力場に、日常の中で永久に抵抗＝抗戦し続ける。以下でその持続的抵抗の生活原理をたとえば、底辺・周辺労働者達の雑居的な交通空間がひらく（同一化する平等ではなく）「存在の多元的な平等」と考えた。各ライフステージを生きのびるための、生活のシェア（交換・贈与）の必要と考えた。あるいは人の「なにもなさ」という原液、エキスを唯物論的に、ありのままに肯定する自由と考えた。

「生きねばならない」とは別に思わない。時にそれは別のタイプの脅迫＝抑圧、暴力へと転化してしまう。誰もが知っているように。にもかかわらず、各人の能力や属性とは関係なく、自立／依存にも関わりなく、この世に産み落とされたあらゆる生存＝存在は、それ自体として肯定され、歓待され、祝福されていい。それを当然として構わない。

私があるのはよい。君があるのはよい。単にそれだけでいい。存在は平等かつ多元的に肯定される

（むしろ存在と「別の」存在の間の真の矛盾・抗争・激突が、ようやくそこから始まりうる）。本音を言えば、ぼくは人の環境や生れどころか、能力や努力さえも単なる外的文脈や偶然に左右され致命的に決定されてしまうと確信する。この世はそれほど複雑で容赦なく、底抜けにおそろしいと。

制度や社会の矛盾は未来にあるいは解消されうるかもしれないが、存在と別の存在の〈矛盾〉は絶対に解消されえない。むしろ、後者のどうしようもなさの十全な承認が、前者の社会的矛盾を無限遠点の未来に解消してゆくための必要条件となる。では、それらの生れ／環境／能力／努力などの要因を、なお偶然＝たまたまと感受させるものは何か。ぼくはそんな何か、無数の偶然的要素を越えて奇妙に輝く何か――それこそをぼくは存在＝必然と呼びたいのだけれど――だけを信じよう！（★2）

宗教的な高邁さなどではない。それはたとえば社会問題やお金の軽視を意味しない（ぼくには人生経験上「お金より大事なものがある」と屈託なくきれいごとを述べる資格が皆無だ）。経済面の大切さ、たかが金が人生の分岐をどうしようもなく決めていくことの重たさを、日々の労働の中で叩き込まれ、皮膚に肉にむざんに刻まれる。そこからなお、それにとどまらない何かの原石を、自分の手や爪やその他で現実の土や岩盤から荒くえぐりとる、沢山の怪我や傷と共に。

存在の価値は、自立の価値に先行する。まず、人の自立をその程度と考える。というか、存在／自立の重ならさを思い知るところから、自律への意志がはじまる。そしてそれを低くも高くも見積もらない限りで、人の自律の形の複雑さ――たとえば一九七〇年代以降の自立生活運動が切断してきた経済的自立／身体的自立／介助付自立の種差――を考え、工夫を凝らし、自律的な生を目指すことの大切さをはっきり主張する。

ぼくの、あなたの、一人ひとりの人生を強いる無数のむずかしさは、むしろそんな定めもない場所から始まるのだろう。以下のフリーター論の前に、まずそのことを述べておきたかった。

I—1

☆フリーターとは誰か?

二〇〇一年一〇月末の時点で、日本の完全失業者は約三五〇万人、完全失業率は五・四%に至った。戦後最悪の記録だという。その後、ゆるやかに数値は下がっているが（二〇〇五年一月時点で三〇二万人、四・五%)、三〇〇万人前後の完全失業者数は動かない（総務省「労働力調査」各月末実施)。

しかし、ここにはいくつかの厄介な問題がある。たとえばフリーターは「完全失業者」ではない。非正規の雇用者が増やされれば、全体の失業率はみかけは低くおさまる。雇用の《現場》の流動性を見えにくくしている。これがまずある。また、日本の場合、失業者のカウントは失職後に「求職活動中」が条件となるから、欧米に比べると失業率が低くはじき出される。よく言われるそんな統計上のズレ（それ自体に議論があるが）もある。統計の水面下に没した氷山の裾野がある——主婦・主夫/ひきこもり/ニートなど。

まず押さえたいのは、若年層（一五~三四歳）の失業率が全体の失業率よりも高いというシンプルな事実だ。特に一五~三四歳の完全失業率は、ここ一〇年の間、八~一二%に達する（同調査「年齢階級別完全失業者数・完全失業率」)。世代間の不均衡が確実にある。高度成長期の「あと」に生じたフリーター問題の根の一つもここにある。これはよく言われる。でもそれだけではない。それに関しては別に述べる。

いびつな学歴偏重型社会の害悪——能力だけではなく、大学名・コネクションが実力以上にブランド化される——がいまなお大きいことは絶対に確かで、同じフリーターでも学歴が低い人や履歴書に空白・断絶時期がある人の方がはるかに過酷だが、(★3)それでも長い間当り前とされた「大学卒業→新規採用」という高度成長期型のライフコースは、やはり機能不全状態にあるとまでは言っていいみたいだ。

『学校基本調査』(文部科学省)によれば、卒業後に進学も就職もしない高卒無業者比率は、バブルが完全崩壊した一九九三年以降に急上昇し、二〇〇〇年には三五％近くに達した。大雑把につかむと、高卒の三人に一人がフリーターか無職の道を選んで(選ぶ他になくなって)いる。そういう計算だ。高卒者だけじゃない。大卒無業者比率も二〇〇〇年には二七％を記録した(金子勝「未来が見えない」参照)。学歴の違いは絶対に無視できないが、その上で多くの日本の若年層が、人生の途中で学校／企業の裂目《クレヴァス》に落ち込み、「使いやすい」フリーター的な労働力の供給源へのみこまれている。

ここには、在学中に即戦力的な職場スキルを学習＝訓練する伝統を欠く日本型ライフコースの欠陥もからむ。ライフコースが複線化し、ひとは自分の「価値」を自己反省的に自分で決定することを迫られる。でもそれは簡単じゃない。思い込まれているほど自明の事柄でもない。すると、「やりたいこと」と「やらなきゃいけないこと」のズレが生じ、価値観の転換期の中で、人々の就労・労働意欲が混線し、空回りする。そんなパターンがよくある。

後述する厚生労働省の「フリーター」の定義にあてはまる労働者は、ヨーロッパにも沢山いる。むしろ日本より多いと言われる。でも彼らはフリーター、あるいはそれに類するくくりを受けない。なぜか。たとえばキャリア形成の意味の違いがあるだろう。ヨーロッパでは大学で学んだスキルをそのまま職場で活かす、というルートがある程度自然な形で構築されてきた。他方で日本では、大学と企業の間に断絶がある。国際的な労働環境の変移の渦中で、学校／仕事の間の深淵に落ちこんで、大規模で過渡的な労働層が形成され、日本ではそれがフリーターと名付けられた。

フリーターの「定義」？

「フリーター」という言葉は、一九八〇年代後半、アルバイト情報誌『フロム・エー』（リクルート社）が広めた造語だ。当初は「フリー・アルバイター」と表記されたが、やがて「フリーター」に落ち着いた。当時増えつつあった、卒業後も正職員にならずバイトで生計を立てる若者たちを分類するための言葉だった。これがフリーター第一世代を形成した。

当初イメージされたのは、自分の夢や目標を追うため、会社組織に帰属するのを嫌いプライベートな時間を多く確保し、正社員ではなくバイト生活を自分から「あえて」選ぶ人々だった。当時の発言などをみると、当事者達には、もともとはスマートなエリート階層の自負さえあったらしい（『フリーター』というヘンな映画もあった）。高度成長の果てに訪れた、消費社会の濫觴《らんしょう》とバブルの水増しが明らかにあった。

そして、短期的に使い捨てていい労働力の大量確保を望んだ企業や行政の目論見《もくろみ》が、フリーター達の「欲望」にうまく合流した。世界資本の流れと日本の戦後の歴史の流れが、フリーターの存在において合流したのだ。

厚生労働省（労働省・当時）の『労働経済の分析（労働白書）』（平成一二年度版）はフリーターをこう定義する（http://www2.mhlw.go.jp/info/hakusyo/000627/000627-0-0.htm）。

年齢が一五～三四歳で、

（a）現在就業している者については、勤め先における呼称が「パート」又は「アルバイト」である雇用者で、男性については継続就業年数が一年～五年未満の者、女性については未婚で仕事を主にしている者

（b）現在無業の者については、家事も通学もしておらず「パート・アルバイト」の仕事を希望する者

内閣府の『国民生活白書』（平成一五年版）は、フリーターをこう定義する（http://www5.cao.go.jp/seikatsu/whitepaper/h15/honbun/）。

・一五～三四歳の若年（ただし、学生と主婦を除く）のうち、パート・アルバイト（派遣等を含む）及び働く意志のある無職の人

内閣府の定義は、厚生労働省のものよりもかなり範囲が広く、派遣労働者や契約社員、また正規職員希望の若年失業者などもフリーターに含まれる。

傾向として見ると、厚労省の定義はフリーターを「自分からフリーターを選んでいる若者」と捉えるのに対し、内閣府の定義は「正職員になれないのでフリーターを続けている若者」を含む。内閣府の調査ではフリーターの数が二倍近く多いのは、そのためだ。今も支配的な偏向したフリーターイメージは、厚労省定義から来る面も多いのかも知れない。

しかし厚労省定義では、たとえば派遣・契約社員や五年以上同じアルバイトを続ける人など、「あえて」型フリーターではない「仕方なく」型フリーターの人々を強いる現実を、大きく捉え損ねる。さら

に、どちらの定義からも、三五歳超フリーター／学生／既婚のパート女性などがこぼれ落ちている（それぞれの歴史の中で年齢差別撤廃に取組んできた欧米にくらべ、日本はいまだに公然と「年齢差別」がまかり通っており、派遣業界でも「三五歳定年説」がささやかれる［玄幡まみ『年齢差別』］）。一九六五年前後生れのフリーター第一世代は四〇代に突入している！

もちろん、現実のフリーターたちの存在自体が、かなり曖昧でフレキシブルなものだ。あまりにも存在が多様だから、定義にうまくなじまない。

フリーターとは、たんなるカテゴリー＝概念ではない。その前に、世間やメディアが流通させるある種のイメージといえる。事実大抵の人はこの言葉を、一つの角度から、自分に都合よく使っている――その時現実の多面体は毀損され、微妙だが決定的に見損なわれる。だからフリーターをめぐる議論は、一つのイメージと別のイメージの対決＝闘争（どちらのフリーターイメージが真に正しいか？）という色彩を色濃く帯びる。逆に言えば、そんな流動的でごった煮状態のわけのわからなさが、それこそが多業種・多転職を含むフリーター的労働層の原液であり、エッセンスかもしれない。

素朴に考えてもフリーターという言葉は、何をまずは指す言葉なのかよくわからない。労働階層／イデオロギー／ライフコース…などの雑多な意味を含んでいる。

このわけのわからなさは当事者の生活感覚の上でも同じで、多くのフリーターは、現在のフリーター身分を自主的な選択と決断で選んではいないはずだ。「よくわからないけど、なんとなくこうなってしまった。」これが多くの場合、正直な気持ではないか。それどころか、自分が属性的にフリーターであるという事実さえ、なかなか認められない。後述するが、特に女性フリーターは自分を拘束するその事

実=属性に気付けない。この〈なんとなく〉は、少なくとも優柔不断やモラトリアムだけでは片付けられない。[★4]

だから、本論ではぼくは、あるゆるやかなまとまりとしてフリーターという言葉を使うことしかできない。フリーターとは誰か。このことを現実の複雑さに即して考え抜くために、その不確実なグレーゾーンに継続的にとどまろう。

フリーターという「問題」を安直にわかったつもりになることなく、しかし大げさに深刻化するのでもなく、生活に必要なぶんの蛇行や迂回を重ね、しかし弛緩したヘロー=「遅さ」にも埋没せず、ゆっくりと迅速に歩んでいこう。

☆フリーターは階層である?

日本のフリーター層は現在どれくらいの規模=勢力を形成しているのだろう?

厚生労働省の統計では、一九九九年にフリーターの数は一五〇万人を超えた(『労働経済の分析(労働白書)』)。また、リクルート社の『フリーター白書』(二〇〇〇年)によれば、フリーターの数はこの時点でもう三四四万人に達していた。リクルート社の統計は、厚労省よりも継続就業年数・就業希望雇用形態などを細かく限定していないから、カウントされる人数が多くなる。内閣府『国民生活白書　デフレと生活——若年フリーターの現在』(二〇〇三年度版)では、二〇〇一年に四一七万人。さらにある論者は、すでにその数は五〇〇万人を超えるとも推定する（神野圭介「フリーター五〇〇万人の時代」東京自治問題研究所『月刊東京』二〇〇三年二月）。

ぼくは、フリーター層を、若年労働者たちのある種の〈階層〉と考える。

いったんそう考えたい。

そこから見えてくる現在の《労働》の姿を分析＝認識し、その先で一人一人の生活と生存の切実さに目を凝らし、何らかのアクションや他の底辺労働階層との連合やオルタナティヴの可能性を探っていきたい、と思うから。

「階層」の認識は、他人の手で与えられるものではない。自分たちの手で発見され、創出される。

学者先生や自称評論家などに軽蔑的に命名された「フリーター」ではなく、自分たちの独力で再定義され、しかも「よりよい定義」を目ざして延々と書き直され続ける、自発的な《フリー労働者》へと転化したい！（さらに言えば、「自分たち」だけではなく、女性労働者／外国人労働者／障害者／子ども／マイノリティ…たちとの、執拗な対話＝議論——正確には議論の場からこぼれ落ちる沈黙／語り損ね／弱さ／吃音／肉体的違和などを含む——と存在激突＝「すれちがい」を、その先になお生じる奇妙な調和を、蜘蛛の巣状に編み重ねながら）

☆ニートとは誰か？

フリーター層の近傍に、ニート（非労働力層）がある。この言葉は現在、異様なほどの関心と情念をメディアと世論の中で燃え上がらせている。

では、ニート（NEET）とは誰か？

Not in Education, Employment or Training の略で、パート・アルバイト層でも失業者（就職活動中）でもない「非労働力」の人々の層を指すととりあえずされる。もともとは一九九〇年代、ブレア政権下のイギリスの労働政策面で注目された。一〇代後半の若者の約九%がニートと言われた。一九九七年以後イギリスでは、内閣府に社会的排除ユニット（Social Exclusion Unit）が設立され、ニートを含め、《社会的排除》を被った人々への対策が提言されていった。

では、日本のニート数はどれくらいだろう？　定義や統計法でその数は変わるが（イギリス版ニートと日本版ニートはほとんど別物といわれる）、二〇〇二～二〇〇四年の時点で四〇～八五万人ほどとされる。「家事手伝い」を含めたものは数字が大きくなる。

「フリーター」でさえないニートの存在は、今や急激に日本社会の病巣、深刻な「社会問題」と見なされるようになった。厚生労働省は平成一七年度の概算要求で、ニート対策を一環とした「若者人間力強化プロジェクト」を立ち上げ、予算二三一億円を投入するとした。

だがこれがさらに国内に感情的反発の炎を広げる。次のような形で――いわく「馬鹿どものために、我々の血税を⁉」「甘ったれどもは自衛隊に入れろ」「奴らを放っておいては社会保障制度も破綻し、消費も停滞し、少子化に歯止めもかからない」云々。

社会的排除／社会的包摂／多元性

ニートと関連の深い「社会的排除 social exclusion」という言葉は、一九七〇年代のフランスに登場し、その後とくに一九九〇年代から、EU諸国を巻き込んだ横断的な「問題」となった。

樋口明彦の明快な言葉を引用する。

> 現代社会の多元化したリスク状況を反映して、一九九〇年代以降、ヨーロッパにおける社会科学の文脈では、今日の新たな不平等問題は社会的排除 social exclusion と表現されるようになり、所得格差に依拠した従来の貧困概念から、生活における多面的なリスクに焦点を当てた社会的排除概念へと理論的枠組みが大きく変わることになった。さらに、こうしたパラダイム変化に併行して、社会政策の基本指針も給付から社会参加へと移行している。かつての貧困アプローチが、貧困者に対する現金やサービス支給を通じた最低限の生活ニーズ保障という国家による温情主義的措置に基づいていたのに対して、社会的排除アプローチは、社会から排除されている人々を再び社会に取り込む社会的包摂 social inclusion という新たな戦略を提起した。
>
> （「現代社会における社会的排除のメカニズム」）

貧困の問題を「所得格差→給付」のラインだけで考えるとまずい。まず大切なことは、社会的排除の力学が、若年労働層だけではなく、多元的な《排除》の偶然決定性を意味することだ——だからそれに抗する生活原理として、当り前かつ多層的な《平等》が主張される。社会的包摂とは、マジョリティ社会にマイノリティや脱落者を「包摂してあげる」ことではない。これもあとで述べるが、その上で暫定的な形で、世代的階層としての若年労働層と、同情やお説教と共にうまく逃げ延びて行く既得権益層の間に、たたかいのラインを引くことがやはり大切な手続きとなる。

問題のグラデーション

現在、日本型ニート層に属する（とくくられてしまう）人々も、働き始めればとりあえずフリーターになる可能性が高い。同年齢の失業者とくらべニートは「仕事の種類にはべつにこだわらない」人が多く、また「正社員希望」の人も少ない（総務省「就業構造基本調査」二〇〇二年）。

事実、日本はいったん「正規の人生」から脱落し、戦線離脱した人がリスタート＝脱落復帰しにくい社会構造になっている。国家・会社・家族の三位一体が「正規」の「日本人」という共同体道徳を強固にはびこらせる（だから「非正規雇用」という呼び方には「非日本人」のふくみがある）。

そのためフリーターとニートの居場所は、ゆるく地続きといえるし、ニート層をひろく「フリーター予備軍」に含めると、水面下に没したその裾野は先の各数値よりもひろがる（未来のことを考えれば、逆にフリーターを「ニート予備軍」と呼ぶべき？）。フリーターがニートを嫌悪し、またよきフリーター／悪いフリーターの些末なちがいに過敏にこだわるのは、むしろこのグラデーション＝連続性ゆえかもしれない。

またニート層は、数十万人から百万人規模といわれるひきこもり者層とも海底で繋がっている。逆に言えば、ひきこもり層の生活もまた、ひろくは若年労働層の問題、経済活動上のサステナビリティ＝継続性の問題の一環としてある。その当り前の事実が、長い間見えなくされてきた。もちろん、ひきこもり者の人生を経済面だけで考えることはできないのだが…（むしろ、医療／就労／福祉のどこにも明確に位置づけられないことに、ひきこもり者の生存がひらく難しさ、フリージング・ポイントがある）。

フリーター／ニート／ひきこもり／野宿者は、お互いに移行・転落しやすく、偶然決定される状況次第でどちらに転ぶかわからない流動状態の中にある。たとえば短期的バイトに従事するフリーター型ひきこもり者は少なくないし、余暇中心の生活を送るニート型フリーターも沢山いる。『「ひきこもり」だった僕から』を上梓した上山和樹は、ひきこもりを「ニートの最悪系」と捉える（Freezing Point 2004. 8. 8）。

また同時に、これらの低賃金・不安定労働の現場には、数多くの障害者——目に見える身体障害や重度の知的・精神障害だけではなく、軽度の障害のある人々——や、制度の狭間に落ち込んだ難病者などが、個々人が強いられた生活・家族・偶然の事情に応じて従事しているという事実も忘れない方がいい。彼らの存在をいっしょくたに「純粋な被害者」と見たがっているのではない。「誰が一番差別されたマイノリティか」という政治的正しさ追求型の悪循環・後ろめたさとも違う。グラデーションをなすフリーター／ニート／ひきこもり／野宿者などは、同一の《現実》——「不可視なままで、社会の中心的存在になりつつある」亡霊的な存在（仲俣暁生）——を部分的に指し示しているのだ。そしてそれらは地続きでもある。

今は曖昧なままで分断的にくくられてしまっている「中間的」な人々を、細かく区切るだけではなく、ひろく捉えるような包括的な言葉が他方で必要な気がする。もちろんそれも別の「名指しの暴力」に陥る可能性が確実にあり、繊細で曲折的な手続きが不可欠だ。そして本当に大事なのは、各人の真の生活的・社会的な唯一性（ひとりさ）を、むしろそのグラデーションの認識の先で自発的に輝かせることだ。

そこまで突き抜けなければ、意味がない（しかし、単独性＝唯一性の輝きとすごみで認識が終わってしまっても、やはり駄目だ。そこからむしろ、分配と平等というアクションの強度が験される）。

☆フリーターは何の当事者なのか？

再び、フリーターとは「誰」なんだろう？

フリーターが特に「新しい」わけではない。

単に、多業種を含むパート・アルバイト労働者、低賃金の周辺労働者層の意味だと思う。

厚生労働省の調査によれば、一九九九年の総実労働時間は労働者全体で月平均約一五三時間。対して、フリーターの月平均労働時間は約一六〇時間。少なくとも数字上は、フリーターの労働時間は正規雇用者より長い。サービス残業の問題などを差し引いても、週五日、一日八時間程度。そこそこきちんと働いている。そう言える。意外に感じるだろうか。

しかし、フリーターの平均収入は一一～四万円程度が最も多い。二〇〇〇年版『フリーター白書』によれば、フリーターの平均月収は男性で一二万五〇〇〇円、女性で一〇万四〇〇〇円。週四〇時間労働で月収一〇万ちょっと。たとえば、時給七八〇円で一六〇時間働けば一二万四八〇〇円になる。これでは国民年金の滞納はもちろん、国民健康保険料さえ満足に払えない。

パート・アルバイトは身分である？

日本の場合、ある労働者が「正規職員」か否かは、職業の面でも人生の面でも決定的な違いとなる。普通に考えれば、パート労働者は正規職員よりも労働時間が短いはずだ。ところが日本の場合、逆に長いパートが沢山いる。なぜか。正職員とほぼ同じかそれ以上の仕事をこなしても正職員になれないパートの人——「擬似パート」と呼ばれる——の割合が多いからだ。仕事内容がほぼ同じでも、賃金や待遇がまったく違う。これはよく言われる。パートタイマー／正職員を、くっきり隔絶させる理由や根拠は、少なくとも積極的には見当らない。だからパートとは日本では一種の「身分」だ、と言い切る論者もいたりする。

賃金面だけでも、二〇〇〇年のデータでは、男性の「一般労働者」と「パートタイム労働者」の一時間当りの賃金は、前者が二〇〇五円、後者が一〇二六円と、約二倍違う。しかもこの格差は、一九九五年から次第にひろがっている（厚生労働省『賃金構造基本統計調査』各年六月実施）。フリーターには原則的にボーナスや昇給もない。あっても微々たるものだから、賃金の差は時と共に拡大する。[★5] 二〇〇三年度の同調査によると、一五歳から三四歳の正職員の平均収入が三八四・五万円なのに対し、パートタイム労働者は一〇五・五万円——約三・七倍の差がある。さらに今や、たとえば「パート選別」（日経流通新聞二〇〇三年一一月一一日）に象徴される、底辺労働者内部の格差／分断のイタチごっこ（パートの中でもより安く、より使いやすいパートを！）が見られる。

しかも、立場の弱い労働者は自分よりさらに立場の弱い労働者を叩くことで、心理的に怨恨＝ルサンチマンを解消してしまうのだ——肝心の自分は、たとえば労働組合の主張する「労働者の権利を！」のコマにすら入っていないのに！

日本ではパート・アルバイトは一つの「身分」だ。この卑近な事実をごまかさず、まず臓腑《ぞうふ》に叩き込もう。その上でただ、あとで述べるように、一部の既得権益相続者や能力主義エリート層や公務員などを除いて、若年正職員たちの生活もまた、フリーター層に匹敵する（でも別の形で）苦境に置かれている。少なくとも一定部分はそうだ。怨恨をねじ伏せつつ、その事実にも同時に目を凝らそう。

フリーター層／若年正職員層の置かれた現在の状況は、〈若年労働層〉という同じコインの裏表かも知れない…。このコインを便利に使い捨て、流通や法を着々と整備し、意識的に／無意識過剰に富を独占支配し収奪し続ける連中（奴ら！）がいる。

自分たちの手で変える

フリーターはいまだに、ある種の「新奇さ」の目で見られることが多いと思う。当事者の日々の生活実感や実情からかけ離れたイメージが、染みが、ぼくらの衣服に皮膚に付着し、染み込んでいる。

「アルバイト」はただの雇用形態の一つだけれど、「フリーター」という時、個人が自分で選んだ「生き方」のイメージを強く喚起する。就労の形が、人格・道徳とかなりな部分まで重ねられる。でも人は、自分の生き方をそんなに簡単には自己決定できない。常に「社会の側から強いられる」「強制されている」部分が限りなくある。個人の自発性は、それら多層的な強制＝受動性のやり切れなさを越えた先に、ほのかに輝くほんのわずかなもの、と思う。

当事者と非当事者で感覚がズレている。働こうと思えばいくらでも働けるハズだ、日本国内はまだまだ裕福なのだからと。いや、感覚がズレるのは仕方ない。それは必ずどこにでもある。ぼくらの側にも絶対ある。でも、事実と違う以上、不当なものはやはり不当だと愚直に言い続けるしかない。無知だから仕方ない、どんな誹謗《ひぼう》中傷も許されるでは済まない。そしてこの言葉もぼくらの胸元に激痛と共に跳ね返って来る（実際ぼくのフリーター論はフリーター批判としても読めるはずだ）。

現在のフリーター階層の人々は、多くが、高度成長期型の労働・家族・人生のスタイルを当り前と考える人々――長期安定的な正職員を人間の自然な条件と思い込んでいる人々――との感覚の違いから、苦痛や戸惑いややりきれなさを強いられる。単に経済面で終らない。生存そのものの価値をめぐる争い＝葛藤が群発的に生じる。

経済学者の金子勝は書く。

多くの若者たちは「やりたいこと」と「やれること」との間で揺れている。それは、いつの時代にもあったことだが、その間のギャップがますます拡大している。終身雇用は崩れているのに、依然としてあたかもそれが存在し続けているかのように社会制度が作られているからだ。「食い逃げ世代」は「未来を担う世代」のことを何も考えていない。年金も健康保険も、みなそうだ。（略）「構造改革」では未来を担う若い世代が完全に置き去りにされている。（『未来が見えない』）

ぼくらはねっとりと重苦しくまとわりつく現実の濃霧の中で、グレーゾーンの中でもがき続けて先へ進んでいく。過剰に嘆き何かを諦めれば、それも間違う。単に、卑近な事実をそのまま正視するくもりのない眼差しが要る。そこから始める。周囲の他者に「わかってもらう」必要さえない。同情や憐憫を求めれば、きりがなくなる。ただ、自分の生を今後も末永く強いるどくとくの過酷さや惨めさ、〈ひどさ〉の質を内臓で十分わかっておきたい。

覚悟を決めよう。時間の腐食＝継続の試練を経て、その先で現実の側へ何かを働きかけよう。自分たちの手で、世論や社会保障制度や法を少しずつ変えよう。この文章がその探究のとりあえずの報告書となればと考える。

☆政府や企業は、フリーター的労働層を便利に使い捨てようとしてきたし、今後もそうする

ただ、次の点をぼくは持参した刃物で心に刻みたい――日本型フリーターの多くは「外国人労働者」でも「障害者」でもない[★6]。つまり、今のところは真の経済 - 潜在能力的な貧困層ではない。しかし今、明らかに、フリーター的生存と「絶対的貧困層」の間の境界と攻防線は、相互に浸透し始めた。今後そのラインはより不明瞭でわかりにくくなるだろう。

日本国内ではフリーター階層の生存によって象徴=代表されるどくとくの生活階層が、国内だけではなく国際的に同時多発的に生成しつつある。たとえば今後、勝ち組と負け組の二極化が益々この社会全般を遍《あまね》く残酷に食い漁るとする。でもそのプロセスが目に見える形で露出し、骨や屍を積み上げるとは限らない。そこに問題の不可解な根深さ、陰湿さがひそむ。

このことをきちんと知ることは、開発後進国=「第三世界」の貧困という世界資本経済上の不平等な暴力と収奪の問題――経済=交換を介した間接性ゆえの見えにくさの問題――を、都合よく水で薄め希釈することではない。自分が先進国内で生きうる特権への羞恥の感覚を払拭し、安心したがることでもない。開発先進国内で潤沢な生活財に囲まれて生きる人間が、なおそれらの第三世界の他者／近隣の最貧困者たちを無限に強いる問題を、真に自分の皮膚感覚と共に感じ、これに一時的熱狂や感傷ではない

形で末永く苦しみ続けるための初期条件だ。

雇用のポートフォリオ

世界資本と国家にとって、パート・アルバイト的なフレキシブルな労働力は、人件費の削減／短期間での労働力の切り貼り／機動性の確保などのために、今や一層不可欠となった。いや、資本制の起源と共にもともと不可欠な労働層だった。たとえば労働総費用を一〇〇とすると、実際に賃労働者に支払われる額は八七・六％、法定福利費などが一二・四％となる。単純化すれば、フリーター的労働者を雇えば、この一二％部分の経費を削減できる。パート選別の話もこれにつながる。他にもボーナスを支払う必要がない、時給換算すると賃金そのものが安価で済むなどの「特典」がある。(★7)

もちろん各国の政府や企業は、この流れを積極的に推し進めようと目論んできた。たとえば日経連（日本経営者団体連盟）は、一九九五年に、終身雇用制と年功序列賃金を否定する「新時代の『日本的経営』」を発表し、「雇用のポートフォリオ」という考え方を示した。労働者の雇用の形を、①長期蓄積能力活用型、②高度専門知識活用型、③雇用柔軟型の三種類に分ける。そして企業ごとにその組み合わせを効率的に活用する。そんな考え方だ。露骨に、「企業の論理でもって積極的に人間を選別し、そこに不平等や不公平を持ちこむ」意図を伴っている（斎藤貴男『教育改革と新自由主義』）。雇用をこまぎれに短期化し、人件費を抑え、労働者を好き勝手に使い捨てるためには、必要な時に必要な労働者を円滑に補充できるフレキシブルな――「可塑的」ではない――システムが不可欠だからだ。政府はそのための法制度を着々と準備してきた（次節参照）。

注意したい。

行政や資本の側は、つねに「自己責任」＋「構造改革・規制緩和」をワンセットで打ち出す。日本の行政は「総論賛成、各論反対」の戦略を取る。理念の美しさや誘惑を糖衣とし、現実的に進む内容はひどい。だから正面からの「批判」と突破が難しい。時の流れや徒労感にじわじわと腐食され、当事者の心の底の要求や議論自体がなし崩しにされる。

行政・資本と癒着したメディアが、そんなネオリベラル（新自由主義的）な傾向を補完し、拍車をかける。外国ではなく国内にあらためて鉱脈的に発掘された、無尽蔵の安価でフレキシブルな労働力層…。世界を覆う〈帝国〉的状況の中で第三世界は国内化し、先進国の中心部に貧困層が生じ、国境は捩《よじ》れてグズグズとなり、各地の郊外・地方を含め、国内のあらゆる場所で生活水準の「見えにくい」陰湿な二極化が同時多発的に生じる。

では、どうするのか。

仮にこの「二極化」の機械状の進行と偏在を拒絶したいと心から望むなら、そんな構造の自生的な繁茂と密林化を断ち切るための、何か「別の」生活原理を自分の手でつかみたいなら、どうするのか。二極化の進展を「分析」するだけでは、たぶんもうダメだ。現状を分析すると「今後は社会のさまざまな面で二極化が進行する」という結論しか出てこない（実際、中身の薄い「格差本」「勝ち負け本」は市場にあふれている）。程度の差はあるけど、それはもう「事実」の範囲なのだ。分析が現状の潮流の追認に終わるなら、それは未来の改善（よりよさ）として発芽する真の〈現状分析〉たり得ない。

なぜなら、二極化を意図的に進める側は、すべてわかってなおそれを進めたいのだから。「勝ち組」でなぜ悪いの？　強弱の差がついてなぜ悪いの？　と。他方で「負け組」に転落する草の根労働者の側も、「仕方ない」とこの二極化を拱手《きょうしゅ》傍観し諦める。表面では批判的口吻《こうふん》をもらしても、魂的には両者がどこかで補完し合っている。

　すると、何もかもを押し流す現状にぼくらが批判的に介入＝抗戦するには、支流や新たな水脈の発掘を構想するには、現状分析という域＝閾《いき》を半歩越える何かをわずかでも示さねばならない。それがなければ、現状を分析する言葉は、ぎりぎりの致命打が必要な戦況で、そこでこそ小ぎれいな言葉遊びと戯れに終わる。

　フリーターの数的増大と洪水を、単なる否定的条件ではなく肯定的希望を育む腐葉土へ取って変える、対抗的な原理（見えない自由＝武器）はどこにあるか。フレキシビリティの皮膜を切り裂く複数性と可塑性を、ありふれた日常の底からあらためて取り返すにはどうする。

【ぼくらは、あなたたちは、自分を押し潰すむざんな状況と生活にもっと自覚的であっていいし、心から本気で怒っていい。自分の今現在の生存とその未来のみじめさ、どうしようもなさに絶望し、苦悶し、身悶えしていい。そう確信する。その問いをできればあなたたちと（共有ではなく、ポジションの絶対的偏差と共に）分有したい——各自の立ち位置の違いを、その時にこそ本当に尊重する形で。いや、ぼくらにはもっともっと真剣に絶望し、猛り狂う権利がある、あるはずだ。むしろ問いは、なぜぼくらが怒りや絶望を真に炎上させ、沸騰させることさえできないのか、魂の何を事前に誰に摘みとられるのかにある。】

政府や企業は、フリーター的労働層を便利に使い捨てようとしてきたし、今後もそうする

☆派遣労働者はフリーターの典型である

派遣労働者の問題はまさにフリーターの問題のハードコアであり、フリーターの問題は本質的に女性的労働者の問題である——この単純な事実が見えなくなっている（たとえば三〇歳以上で結婚していない女性の問題＝「負け犬」問題は、女性の生存の問題を結婚問題に単純化する危うさがある）。

一九九五年五月の「新時代の『日本的経営』」と連動する形で、その後、一九九六年一二月には改正労働者派遣事業法が施行された。人材派遣の対象業種が計二六種に拡大され、一般労働者派遣事業認可の有効期間が三年から五年に延長され、申請手続きの認可も簡素化された。一九九九年には再び改正・施行され、人材派遣の対象業務が原則自由化された。また一九九七年には職業安定法の施行規則が改正され、民営化の規制緩和が進んでいる。

派遣社員が使いやすくなる

ポイントを押さえる。

これら一連の改正法案は、派遣業・民営職業紹介業に関する従来の規制をほとんど取り除いた。事業所が派遣社員をより使いやすく使えるよう定められたわけだ（詳しくは竹中恵美子『労働とジェンダー』第五講、斎藤貴男『機会不平等』第二章などをあたってほしい）。

さらに、二〇〇三年六月の労働法改正／労働者派遣事業法改正とも相まって、短期雇用・無権利・低賃金・ハラスメントなどの集中砲火を浴び続ける派遣社員の需要が、国内でもますます増加している。

国際的にそういう潮流にあるなかで、特に製造業の解禁は大きい。アメリカでは、アデコ（世界最大手の人材派遣業者）の派遣社員の約五〇％が、製造業関係だという。日本でも人材派遣の対象業種は、これまでの約五割から約九割へひろがる。日本の全労働者に占める派遣の割合は現在約〇・八％だが、いずれはアメリカ並の二・五％に近付くと見られる（朝日新聞二〇〇三年一〇月四日夕刊）。ＮＨＫのドキュメント『フリーター漂流――モノ作りの現場で』（二〇〇五年二月五日放送）によれば、請負業者によって全国に派遣され、下請けの工場などで単純労働に従事するフリーター層は既に一〇〇万人（！）を超えるという（★8）。

派遣労働者は常に、雇用契約を打ち切られるのではないかという不安の中にある。

数ヶ月毎にやって来る契約期間満了日に契約を更新してもらうために（以前は六ヶ月毎が主流だったが、今は三ヶ月毎が主流になった）、有給休暇を使えない、残業手当てを請求できない、些細な事柄に神経をすり減らす、人間関係でも立場が弱くトラブルに巻き込まれやすい、などのさまざまな我慢や忍従を日常的に強いられる。多くは陰険なセクハラやパワハラの衣装をまとって。

たとえば住友不動産は、立場の弱い女性非正社員をターゲットに、公然とセクハラをくりかえした（『週刊現代』二〇〇〇年四月二二日号）。またテンプスタッフの登録女性派遣スタッフ九万人のリストが流出し、ネット上で販売された一九九七年一二月～九八年一月の事件では、リストに女性たちの住所・氏名、個人情報だけでなく、容姿（！）に関するＡＢＣの三段階評価が記されていたという――派遣業界では個人情報のデータベース化と容姿のランク付けは「常識」となっている（斎藤貴男『機会不平等』参照）。

これは何なのか。こんなくだらなさと消耗的現実が続く中で、労働の長期的持続に絶望し未来の何かを諦めた女性雇用者たちが、職場を恋愛か将来の結婚相手を探すための場と考え、再び専業主婦か無業者を自分から望みはじめた、望めと強いられたというちっとも変らないグロテスクでやりきれない現実がある。何十年かの男女平等化社会を望んだ議論がすべてリセットされたかのようだ。単純に、日々の仕事の中で魂が（洗われ過ぎた肌着みたいに）擦り切れてゆくのだ。

だけど、あたしは虚しいのよ。あたしたちに担わされているものって重過ぎるんだもの。男以上に働いて、女の仕事もして、両方に気を遣ってくたびれて。だけど男にはなれないのよ、一生。何か変じゃない、これって。だって、あたしは男になんかなりたくないの。ただ仕事したかっただけなのに、これじゃ擦り切れちゃうよ。

（桐野夏生『グロテスク』）

☆正職員になりたいけど、なれない

フリーターを単純に「夢を追うために就職しない若者」と考えるなら、じじつとくいちがう。もともとはそんな意味だったし、今でもそういう人は数多くいる。でもそれはなだれ落ちていく現実を偏《かたよ》って見ている。悪意から矮小化している。

有名な統計データを見る。

日本労働研究機構の調査（二〇〇一年）では、フリーターは、「モラトリアム型」「やむを得ず型（正職員志向型）」「夢追求型」の三種類に区分され、内訳は順に四七％、三九％、一四％だそうだ。最低でも四割近くのフリーターが——少なくとも意識の上では——正職員になりたいのになれない人々だとわかる。五割近くを占めるモラトリアム型フリーターの一定部分もそうだろう。

この「なりたいのになれない」という傾向と圧力は、次第に強まっている。

まずはシンプルに考える。

一定の生活水準を維持できる正職員のポスト（椅子・パイ）は限られている。自分の足でハローワークに通えばわかる。特に一〇代後半の男性に、この「正職員になりたいのになれない」という壁の意識と無力感は色濃い（離職後に公務員試験を目指す男性が無闇に多いと聞いた。リアリズム的にこれは「正しい」選択だろう）。

常に現実の進み方はふくざつだし重層的だと考えられる。しかし、そんな多元化＝複線化する社会構造の変化が、高度成長期的な終身雇用のライフスタイルの単線を当り前とする時、人々には「見えない」。目の前の事実が見えない。反対に、特別な能力を持たずとも大勢が安定した企業の正職員の座に——そして高度成長型の「家族」に——長期的にとどまれた時代こそが、世界資本経済システムのもとでは特例的で、すごく幸運＝たまたまだっただけかも知れないのに（さらにそれは外国や国内マイノリティへのパラサイトと収奪の結果でもあった）。

でも、別の世代・地域に属する誰かの人生を羨ましがっても仕方ない。愚痴や羨望《せんぼう》は百万回連ねても愚痴や羨望でしかない。そこから生じる要望主義（ぼくたちを救ってよ！）も、それがいかに魂の真実の叫びであっても、それだけではどうしても弱い。ではどうするか。深く悪臭と泥濘《ぬかるみ》の底に沈んでゆく中で、醜くかろうが間違いだろうがやはりその渦中で、自分の頭でじかにものを考え、一歩ずつ「ゆっくりと、速く」踏み出したい。

☆世界的な動向として、若年層が貧困化している

日本国内だけの問題ではない。グローバルな動向として、若い労働者が生きる社会状況が急激に流動化し、変質している。

欧米ではすでに一九八〇年代から——特に若年ホームレスの問題を中心に——事態の深刻さが社会問題化し、公共的に議論が積み重ねられ、さまざまな対策が取られてきた。イギリスのニートの話もこれに連なる。つまり、数十年単位で取り組まないとどうにもならない問題なのだ。

これに対し日本では、制度的・実践的対応だけでなく、事実認識そのものが完全に、いくぶん致命的に遅れた。

たとえば西欧圏では、青年が社会的自立を遂げるさいのサポートとして、行政による社会保障制度（青年への失業手当、職業訓練手当、住宅手当、親への児童手当など）が大切な役割を果たしている。大学の学費は、ヨーロッパの国立大学では授業料は無料か、年間数万円程度が多いそうだ（私立大学自体がほとんど存在しない）。イギリスでは一九九八年から授業料を徴収し始めたが、これも年間二〇万円弱で、本人・親の経済状況によっては減額や免除制度もあるという。

戦後日本型社会保障――〈企業＋家族〉

これに対し日本では、青年労働層のための公的な社会保障はかなり脆弱で、未整備と言われる。なぜか。

日本ではこれまで、特に一九七〇年代後半まで、大都市とその周辺地域の青年労働者は、寮・寄宿舎などを含め、〈企業〉というコミュニティの福利厚生を享け、経済的な離家を果たした。日本の企業は、従業員用の施設や社宅に力を入れてきた。

労働者が経済的に自立し、「主たる生計者」として家族の生活を支えるには、日本型企業という堅牢な大地への強い帰属＝依存が必要だった――多くの一般労働者には。

企業の庇護がない場合は、「家族関係」が安全ネットの役割を果たした（日本型福祉では最後に残る堅実な大地は家族である）。この「企業＋家族」という戦後的サポート条件が弱体化した現在、若年失業、若者への公的支援体制の脆弱さ、住宅問題の歪み…。さまざまな問題（地）が、あらためてむきだしになった。

しかし、それらの問題そのものが、日本国内にいるとなかなか見えない。そんなものは「問題」でさえない、いろいろあるけど結局は怠惰で無能な自分の責任だろ、自業自得だろ、そう一刀両断される――なかったこと、もともと存在しないもの、自助努力だけで解決すべきものとして。

たとえば一連の「パラサイト・シングル」への批判なども、若年労働市場の問題ではなく、家族や個人の心理の問題としてだけ論じられる。パラサイト・シングル的存在は、アメリカやスウェーデンにも多数存在するし、イタリアでは、三〇～四〇代で親と同居し続ける相対的に裕福なホワイトカラー層が「マモーニ」と呼ばれ社会問題化している。日本では多くの問題が「経済」ではなく個人の「心理」（自助努力）へとスライドし、収束していく――つまり、社会的問題が個人化するのだ。実際、一九九〇年以降増殖し続けるひきこもりや若い人々の群発自殺なども、心理や「心の闇」を語る前に、まず経済的不況や失業の問題として語るべきだったと素朴に思う。

もちろんすべてが経済・社会の問題には収まらない。でもすべてが個人の責任であるわけでもない。事実のこの単純な厚みと濃淡（そしてそれが強いる本当の難しさと疲弊）が、時に忘れられる。過剰な社会への責任転嫁も過剰な自己責任の強調も、共に個体の真の《責任》の輝きと鈍い痛みを洗い流してしまう。具体的な人生の問題は、常にその境目で揺れ動いている。これも、とても単純な意見しかぼくは述べていない。

「見たくない現実」

仕事と雇用を取り巻く一九八〇年以降の劇的な変化と矛盾は、特に青年層に集中してその地肌を剝き出した。

対して、日本の若年労働層の反応や対抗運動は、完全に立ち遅れた。

実践面だけではない。当事者としての事実認識さえ、今もまったく足りない。自覚や予測がひろく階層的に共有されない。そこから「放っておいてもいつか誰かに何とかしてもらえる」「見たくない自分の現実を見ない」型の依存心や甘さが、大気汚染のように噴き出している。

しかしぼくは、他ならぬ当事者のぼくたちが現実や社会の海流を放置し、何かを諦め、シニカルに行政や資本の容赦のなさを黙認しては、何一つ絶対に「何とかならない」という端的な事実をごまかすことなく、今ここで、頭脳ではなく臓腑で鈍痛と共に思い知るべきだと考える。使い捨てられていく現在と未来の労働生活に心からの「否」を、別の人生のポテンシャルを対抗的＝多元的に突きつけよう、と腹の底から考える。

不思議なんだけれど、多くの同年代の人はどうして「放っておいても何とかなる」「誰かが何とかしてくれる」と曖昧に信じ続けられるんだろう？

☆フリーターはやる気がない？

最近はメディアでも、若年失業やフリーター・ニートの特集が多く組まれ、関連する書籍も沢山出ている。

しかしなお、というか露出が多くなったからこそ、中高年層のリストラや失業自殺に比べ、若年層の失業状態は相変わらず――無意識や国民感情のレベルでは――「甘え」や「余裕」の産物と見なされている。そんな印象を拒めない。そしてこの偏光と屈曲に敏感であり続けたい。

たとえば中高年は非自発的失業（＝会社に辞めさせられた）の犠牲者であり、若年層は自発的に失業した（＝自分から辞めた）と思い込まれている、思いたがっている。でもそうだろうか。そもそも、一人の人間の失業がどこまで自発的だったのか、それを正確に見定めるのも簡単ではない。住宅ローン＋消費者金融の罠などに絡む中高年リストラ・過労自殺・重責の残酷さを小さく見積もる下心は、少なくとも気持の上ではない（たとえば島本慈子『住宅喪失』参照）。小さく見積もってしまえば「今の若者は悲惨な犠牲者だ」的な自己憐憫の自縛を断ち切れない。でもその残酷さを認めても、見過ごせない不均衡はやはりある。何かの被害者であるという事実と単なる被害者意識はビミョウに異なる（後者は容易に他人への過剰な攻撃へ反転する）。

このわかりにくいポイントにとどまり、ひとまず、世代と世代の間に敵対性のラインを引く。

フリーターは労働意欲に乏しい、やる気がない。世間の固定観念は根強く存在する。それはなかば正しい。そのすべてまでをも別に否定はしないし、強硬に否定する必要もない。

でも実際のフリーターたちの多くは、とりつかれたように毎日《働くこと》の意味や理由を問い続けている。問い続けながら多種類の短期的な労働に従事し、人生を切り売りし、生活している。なぜなんだろう？　素朴に考えて、ここには何か不可思議なもの、異様なものが未知の鉱物のようにころがっている。

統計データを見る限り、若者の労働意欲（インセンティヴ）自体が下がった様子はほとんどない。たとえば、フリーターのうち正社員希望は七二・二％、フリーター希望は一四・九％にすぎない（内閣府「若年層の意識実態調査」二〇〇三年）。またフリーターの八八％がやりがいのある仕事がしたいと考え、男女とも半数以上が技術や技能を身に付けたいと考えている（『フリーター白書』二〇〇〇年）。そして、現実にフルタイムで働く労働者の場合、同一企業での平均勤続年数は、誤解とは逆に別に短くなっていない（厚生労働省『賃金構造基本統計調査』）。

すると謎は、インセンティヴの欠如というより、その持続力の無さや空回りがなぜ生じるのかにある。そこには「自分にもっと向いている仕事がどこかにあるハズ」的な空想と逃避が確かに沈殿し、ぼくらの生き方を時に醜く混濁《こんだく》させている。それは本当だ、少なくともそういう側面が皆無だとはやはり思われない（それすら、一定の都市部に住み一定の学歴があり重篤なマイノリティの特性もないフリーターの、特権と余裕かも知れないが）。しかし、それだけでは済まない。述べてきた断層やギャップは何に由来するのだろう？　働こうと意欲すればするほどその意欲が芯から削がれ、すりこぎにされていく、そんな空転と悪循環が多くの人になぜ生じるのだろう？（★9）

何のために働くの？

原点に立ち戻ろう。

「国のために働く」「会社のために働く」「家族のために働く」。日本の高度成長期型の労働者は、こんなインセンティヴを広く総中流＝ミドルクラス的に共有していた（のだろう、きっと）。そこでは《国家＝会社＝家族》の三位一体が緊密に絡みあい、結びあっていた。かれらにとっては――それこそ「プロジェクトX」風に――「企業」の差し出す規範性＝目的と「日本国家」の差し出す規範性＝目的が、かなりの程度一致していた。会社のために働くことは国のために働くこと（そして家族のために働くこと）と連動した。当然、個々人の生活が織りなす矛盾や葛藤がなかったはずはない。でもそれらは高度成長の波に埋没し、押し流された。

しかし、正職員／フリーター／ニートを含め、現在の若年労働者は、これらを基本的に信じられない[★10]。正確には、信じたふりをすることができない。国のためにも会社のためにも家族のためにも、そのままでは働けない。

最後に「自分のために働く」という自己保存の欲求、動物的欲求が残る。でも、本当は「自分のため」に働くこともできていない。少なくとも、その感覚に多くの人々は満足も自足もできない。「自分のため」という欲求は、決して単純ではない。生存や快楽だけではなく、社会的・倫理的な欲求も含む。だから人は、自分のためだけに働いているつもりでも、あるいはだからこそ、未来の見えない労働生活の中で「曖昧な不安」を蓄積するし、何かもっと別のもの、別のロマン的目的（一発逆転？）をとり憑かれたように望む――そしてそのロマンへの届かなさの感覚が、若年層の魂を深い深い「あきらめ」に埋めていく。想像的なロマンとリアルな疲弊の両極を揺れ動きながら、魂はゆっくりと動きをとめていく。

考えてみれば、「自分のため」こそがまさにあやふやなのだ。

では、自分の真の欲望を独力で生み落とすにはどうする。いや、その前に、この自分とは何か。誰か。社会のためとは何か。働くとはどういうことか。すべてを蛇行的に問い直してみる。

☆仕事格差が存在する！

変質したのは、たぶん仕事の「内容」なのだと思う。

玄田有史によれば、現在の若年労働層の間に徐々に、しかし確実に虫食い的にひろがるのは、賃金格差というより（それだけではなく）、「仕事格差」だと言う。

仕事格差とは何か？

スキル開発の機会や昇格の希望を持てないまま、日々の単純で単調な労働に忙殺され圧迫される人々が増えている。今や多くの論者が、フリーターは何より能力開発が遅れると懸念（？）している——それらの大半は、本心では、年金問題や消費停滞などの社会構造上の「原因」をフリーター層の責任として押し付ける「フリーター＝諸悪の根源」論にしか見えないが！　ごちゃごちゃ言っているが君たちは親のすねを齧《かじ》って甘えているだけだ、むしろ君たちのその虫のいい苦しみ方こそが寄生と余裕の産物だ、君たちの存在が「解決」されない限り日本の社会構造は破綻する、と。

ＯＪＴ（On the Job Training＝職場内教育）やスキル育成のチャンスから切り離されて雑務や単純労働に延々と忙殺される人々は、仕事の最低限の「手応え」を感じ取れない。少なくとも感じ取れないことが多い。成長の感覚も稀薄になる。そのことが日々、曖昧だがリアルな不安を内側に蓄積し、鬱血させる。労働意欲や最低限の自信や肯定感を凍えたみたいに縮減させていく。コンビニ、スーパー、ファーストフード、ウェイトレスなどの販売・サービス業だけではない、今や下請会社などの製造の現場にもフリーターは「景気の調整弁」として余す所なく「活用」されている。玄田によれば、泥沼的疲弊と消尽は、若年正職員の現場でも同様だ。もちろんぼくの周りにもそういう正職員は山ほどいる。文字通り、「ひと山いくら」の名前なき労働者として。

日本型雇用システム

戦後の日本型雇用システムは、①長期的生活保障、②長期的能力開発、③賃金の年功序列を多くの一般労働者に与えてきた。

日本型企業は独自のコミュニティー的生活を持つ。たとえば松島静雄『労務管理の日本的特性と変遷』（ダイヤモンド社、一九六二年）は、日本の企業コミュニティの特徴を六点挙げる――子どもなどの縁故採用、終身雇用、年齢・勤続重視の年功賃金、本来国家が行うべき住宅などの広範な福利厚生施設、一種の躾教育としてある従業員教育、上下関係で結ばれる特異な人間関係…。

日本の場合、個人の社会保障は、行政主導ではなく、主に（大）企業主導と家族間の互酬的安全ネットで支えられる。日本の公共事業費は年間四五～五〇兆円。先進七ヶ国内ではＧＤＰ比で他国の二～三倍と極端に多く、その代りに社会保障費が縮小され、公共事業予算と社会保障支出の割合が「五対二」とかなり歪んでいる（ＯＥＣＤの一九九六年の統計では、日本の公共事業費は他の六ヶ国の合計額を一国で約三〇％も上回るという！）。日本はだから時に「福祉国家」ではなく「福祉社会」と言われる。後発資本主義国としてスタートした明治維新以後、日本は産業化を推し進めるため、官僚主導型の経済成長を優先させて来たこともあるだろう。

「企業＋家族」という日本企業型コミュニティの基盤が、ある時期から、決定的にはおそらく一九九〇年前後から底が抜けて機能不全状態へと陥った…。さしあたりは誰もが言う通り、そう主張して間違いではない。

とはいえ、ここには少し留保が要る。

正確には、そのコミュニティ内部に、世代的な後発者が――後発世代であればあるほど――容易に参入し帰属できるものではなくなった、と考えた方が現実を射抜いている。コミュニティが全体として等しく崩れ散ったとは言えない。新規参入者に対し、門戸が極度に狭くなった。「既得権」の構造がつねにそうであるように（この事実は自分がよって立つ足場の検証の絶対的不可欠性を意味するが）、コミュニティの内側の人間には、自分が生きる環境が当たり前にみえるが、その外側にいる人間には巨大な「壁」＝ゲートが立ちはだかる。そしてまさに、その構造の存在（コミュニティ間の移動が自由ではない、一度脱落したら復帰できない）が、既得権を享受する人々に、自分たちのポジションの死守と「落ちたら終わり」という焦燥の心性を根深く植えつける。

すると他者の既得権の批判とは、かえす刃で自分の胸元をえぐるような自己検証の試みであるほかない。そしてその持続的な検証の過程で、本当にたたかい抜くべき敵対者の姿が、かすかに焼きつけられる。

暫定的に、「若年世代」と「既得権益世代」の非対称性と敵対性を目に見えるものとすべきなのは、そのためでしかない。

☆フリーターｖｓ若年正職員⁉

——疎外された労働の中では、どの人間も、彼自身が労働者としておかれている尺度や関係にしたがって、他人を見るのである。（マルクス『経済学・哲学草稿』）

国際的にみても、日本の正職員とパート労働の格差は確かにかなり大きい。くりかえすけれど、日本ではパートは一種の「身分」の様相を呈する。

ＥＵ諸国でも、一九八〇年前後までは全員をフルタイム雇用し、パートタイマーは減らすべきという風潮が強かった。労働組合の方針もそうだった——パートタイマーが増えれば、フルタイム労働者の地位が脅かされるとされた。しかし一九八一年にＥＣ理事会（当時）が「自発的パートタイム労働に関する理事会指令案」を出した頃から、パート労働政策は次第に転換し、フルタイムとパートタイムの均等・平等が求められ始める。

一九九四年には、ＩＬＯ一七五号条約（パート労働条約）と一八二号勧告が出される。一七五号条約では、パートタイマーはフルタイム労働者よりも労働時間が短いだけで、賃金・有給休暇・社会保障などの待遇の差はないとされる。さらに、パートとフルタイムの間をある程度自由に相互移動できるように、自由選択の原則が規定された（竹中恵美子『労働とジェンダー』参照）。

フルタイム労働者とパート労働者が共に「正規職員」として同列に（つまり、社会保障や一時間あたりの単価が同じに）扱われる国は、先進国に限ればそれほど珍しくない。そこにはそもそも日本型の「アルバイト・パート」という労働区分がない（もちろんそれぞれの国内の労働事情はそんなに単純に割り切れるものではないが）。日本でも八九年に「パートタイム労働指針」という労働大臣告示が出され、九三年には「パートタイム労働法」（パート法）が成立したが、ＩＬＯの条約を批准していないし、パートを「身分」と捉える姿勢が根本的に是正されておらず、内容も曖昧で強制力がないなどまったく不十分なままだ。ひどい。

しかし、それでも必要なのは、しばしば見受けられる正職員が正しいかフリーターが正しいか、どちらがましか、という泥沼的な批判と罵倒のパイ投げ競争ではない（あいつらうまくやりやがって／自分たちだけがツライ／自分たちの高給は実力相応で当然のものだ）。

両者の境界は、当人達が思い込んでいるほどはっきりしたものとは思えない——一部の若年既得権益層／能力至上主義的エリート層は除いて。

ニセの対立？

事実、現在の若者が就く仕事の内容は、おおざっぱな言い方をすると、労働条件が著しく厳しい正職員の仕事と、熟練技能の要らない短期で入れ替え可能な仕事へ二極分解が進んでいる。玄田は言う、しかも「その状況は若年の高卒者ほど顕著である」と。

立ち止まってみる。

その「対立」は本当に本質的なんだろうか？　それは単に限られたパイの奪い合い、ビーチフラッグ獲得競争の過酷化ではないか？　要するに「正職員かフリーターか」というしばしば見られる対立と批判の投げ合いは、核心を貫き損ねたニセの問題ではないか？

それどころか、相互に批判し敵対することで、ぼくらは徒《いたずら》に魂を消耗し、自分の能力やポテンシャルや倫理感覚を高められず（正確に言えば、そんな向上心すら本当は絶対的に大切なものではない、と言い切るための信の感覚を鍛えられもせず）、不毛な憎悪や愚痴をまきちらし深めていく…。本当の「たたかい」の芽を、火種を、事前に摘み取られて。くりかえすが、存在と存在の絶対的な《対立＝調和》をめぐるアリーナは、その種の「ニセの問題」の外皮をこそぎ落とした灼熱した中核部《コア》に、ようやくひらかれる。勝利者＝敵対者の姿が見えない。見えないがゆえに、まさにそのことで奴らはつねに歴史的に勝ち続ける、自分の勝利の事実にさえ気付かず済ませて、気付かないで済む余裕と特権の中で。

多くの若年正規雇用者の経済状況も、安心から遠い。

経団連の調査（新規学卒者決定初任給調査結果）によれば、給与を前年の初任給のまま据えおいた企業は一九九九年以降連続で五割を超え、近年は八～九割になるという。十数時間の長時間労働、残業手当は切り詰められサービス残業となり、部屋に戻れば疲れ果てて眠るだけ…。そんな人は、周りにいくらでもいる。年間二〇〇日以上就業し、一週間に六〇時間以上働く三五歳未満の若者は、一九〇万人を超える（総務省統計局「就業構造基本調査報告」平成九年／一四年）。

若年正職員は、労働の質を薄くひきのばされることで、実質的に低賃金化されている。これは実は、フリーター労働の短期化・切り貼りという流れの裏面なのだ。

☆失業率という条件

「フリーターか正規職員か」という選択は、個々人のやる気＝労働意欲や能力の問題だけでは片付けられない。そう述べてきた。それは、現在の日本の社会制度や経済構造の問題と不可分だ（もちろんその先でなお、個々人の《責任》は問われうる）。

シンプルに考える。

失業率が五％（若年層は一〇％？）を継続的に前後し、パート・アルバイト雇用が増加し続ける現在、純粋に数の面で、仕事を求める労働者の全員が一定の賃金を伴う仕事を得られるわけではない。よく言われるように、たとえば二〇〇二〜四年にかけて、日本の失業率自体はゆるやかに下がっている——でも増えたのは、非正規雇用者（パート・アルバイト／派遣労働者／契約社員など）だけで、正規雇用者は逆に九六万人も減少している（総務省『労働力調査』）。また、戦後日本で実現されたのはもともと「完全雇用」（皆が生計を支える雇用に就ける）ではなく「全部雇用」（賃金の安い仕事でもとりあえず雇用は全員分ある）だという話もある（野村正實『雇用不安』）。

フリーター層の膨張は、実際はこの全部雇用的な錯覚（失業率は下がっている！）を拡張している。すると、表面的な失業率の増減や好転を鵜呑みにはできない。

椅子の数は限られている。ぼろぼろの椅子、小さすぎる椅子、一時的にレンタルできるだけの椅子も中には混じっている。誰かが正職員になれば、誰かが正職員の座から滑り落ちる。それどころか、フリーター身分や日雇い労働さえ得られない人々が必ず出る。というか、そういう人々は既に無数にいる。

失業率という数値には、どこか絶対的な残酷さがある。不況とはシンプルに考えると、社会がもうこれ以上の労働者・人手を特に求めてはいない状態のことだから。

考えたいのは、この「条件」の意味である。

パイは本当に限られているか?

先に、(一部の)若年正職員とフリーター層が各々置かれた生存の状況は同じコインの裏表の可能性があると述べた。

すると必要なのは、相互に愚痴や怨恨を(それこそパイ投げ競争的に)深めることではなく、「パイがもともと限られている」という現実的な条件――そして既得権の安楽椅子を死守せんがために、そんな「条件」を意図的に押し付ける「誰か」――とたたかうこと、たたかうことで強いられた条件の意味を根元から変えることではないか。そうでなければ、パイの奪い合いは百万年たっても永久にパイの奪い合いのまま終わる。後にワークシェアやフェア・トレードの思想がひらく可能性に関して(本論の範囲では若干だけれど)触れる。

いや、本当にそれは限られているのか? 誰かが過剰な独占と高級食材の過食を重ね続ける結果が、この不公平と惨状ではないのか。「全員へはパイは行き渡らない、仕方ない」という一見冷徹なリアリズムに響く諦観と分析は、それを主張し何かを諦めたふりをしながら、自分(たち)だけは豊満なまま生き延びられることを予め前提とした上での、余裕と特権の産物にすぎないのではないか。それどころか、自分たちがより安楽に効率よく誰かの生存を収奪し、廃棄処分するための口当たりのよい殺人・強姦の兵器=イデオロギーではないのか。

ぼくらは、「限られたパイを再分配しなければならない」という問いの立て方を、国家による再分配そのものへの全的批判とは別の切り口で、やはりまずは疑ってみた方がいい。

比喩的にいうと、食べ物の種類はパイだけではなく他にも無限にあり、糧を生み出し生産し、別の人々と交換・配分するための手段も無数にあり、またそれを食べる側にもさまざまな体質の人がいる（アレルギーや拒食症の人もいる）のだから。

いや、薄暗い足元に眼を落とせば、まさに当の自分こそが、昨日と同じ気安いぬるま湯を、周囲に不満を垂らしながらも実はやはり欲し、ぐずつく懶惰《らんだ》な気分から現状になし崩しに加担してないか。しかも加担する明確な意志も決意もなく（傍観や同情の身ぶりも含め）。

今や経済的な底辺・周辺へ徐々に堕ちつつはあるが「最下層」ではないランクの生活に恋々とし、ずるずると低く滑り続け、これを粘りつく指で何とか保守したいために——。

☆フリーターになりやすい／出られない人々の層がある

日本の現状は、労働者の機会均等（機会の平等）をまだまだ実現しているとは言えない。就業のチャンスが、先天的な「生れ」――性別・生れた地域・親の裕福さ・障害の有無・とりかえのきかない《性格》など――によって左右される側面が依然ある。能力主義と自由主義だけを口にするにはまだ早い。

「先進国」の内側で生きる限り、この種の分断と格差は（存在しないのではなく）見えにくい。社会的排除の形はより陰湿なもの、無意識的なものとなる。するとぼくらは、構造的な暴力（日常の実感を伴なわないが、まさに「ぼくら」の日常的実感をつくりだしているもの）への責任、構造的責任をめぐる倫理について根元から考え抜かなければ駄目だ。

ある人が、生活の中で汚泥のように累積し続ける不公平感や違和感に歯をかみしめながら耐え、でもある時ついに耐えかね、ぎりぎりの場でそれを震える声で口にする、耐え抜く日々にとっくに麻痺し尽くした無表情と共に。するとそれらの言葉は、もともと存在しないも同然のものとされ、「存在する」と言えばまさにその最後のなけなしの抗戦の言葉をこそ、「君の言い訳だ」「わがままを言うべきでない」と、身も蓋もなく切り返される。やりきれなさがブラックホール的にある。そんな軋《きし》みと苦悶、悲鳴とも言えないか細い悲鳴の残響に耳をすませる。

ここにはどくとくの難しさが横たわっている。

フリーターに陥りやすい層、フリーターから中々抜け出せない層がある。統計的にわかっている。

どういう層なんだろう？

「日本人」に限っても女性、より年齢が低い人々、学校中途退学者、親の家計の豊かでない――塾費用や進学費用がまかなえない――人々などがそうだ（小杉礼子『フリーターという生き方』）。

さらに次の悪循環もある――過去にフリーターだった経験自体が、その人がフリーターから抜け出すチャンスを狭めるという悪循環が。「履歴書」の空白、断絶の問題だけではない。厚生労働省の調査では、社員を採用する際、フリーター経験をプラス評価する企業は三・六％、マイナス評価の企業は二〇・三％なのだ[★11]（「雇用管理調査」平成一六年）。

親の所得とその子どもの学歴の水準は統計的に比例する。これはよく言われる。親の経済的な余裕は、まちがいなくその子どもの「よく学びうる」余裕と環境を再生産している。大卒者の方が短期間にフリーターから「脱」して正職員のポストを得る可能性が高い。日本型ニートには最終学歴中卒が多く、いったんニートになると学歴が低い人の方がその状態から抜け出しにくいことは先にふれた（註3参照）。既に学区制廃止などを含め、小中学校からの学校選択制（子供の生活ゾーンの分岐化）も始まっている。政治家やタレント、ホワイトカラーだけではない。自営業や職人の世界にもそれはある。

言うまでもなく男性労働者と女性労働者は、決して同じ立場や条件にいない。

ひろく「フリーター」（パート／アルバイト／臨時職員／派遣職員／日雇労働者）とくくられる雑多な人々の中にも、多種多様な差異のグラデーションが含まれる。当り前だけれど、これが時に忘れられる。

この世には実は、そんなわかりづらいグレーゾーンしか存在しない。そこからスタートすることが案外大事になる。

抽象的な「フリーター」はどこにもいない。それがどんなに過酷な底なしの日々としか感じられなくても、君の人生はフリーター問題に代表されないし、君の人生がフリーター問題のすべてを代表するわけではない。ぼくの人生、あなたの人生、誰かの人生、その一つひとつが無数の鉱物みたいにごろりとある。それだけだ。でも実際は、こんなわかりにくい灰色の領域にとどまり続けるには、生活時間の腐食と衰弱に耐える忍耐強い勇気が要る。わけもわからない滅茶苦茶な生活を生き切る、どくとくのエナジーが要る。

☆日本型雇用システム（とその家族像）は当り前か？

高度成長期に次第に醸成されてきたのは、男性正職員を長期安定的に年功処遇し、女性従業員は補助的・パート的に「景気の安全弁」として扱うという日本型雇用システムだった。

企業で働く賃労働者（特に大企業）への各種の手厚い生活保障（扶養手当・住宅手当などを含む）、「第三号保険者」の存在（サラリーマン世帯の主婦が保険料を負担せずに年金を受け取る仕組）、また配偶者控除・配偶者特別控除などの公的制度が、これを下部構造から補完して来た。

家族構成を賃金システムが決める

日本の場合、労働者の賃金体系は、男性を世帯主とし、世帯主がその家族を養うに足る賃金を受け取るという形を自然と考える。税制・年金制度などの面でも、(妻が専業主婦か一定収入以下の)サラリーマン家計の場合、この男性中心に性別役割分担された「世帯」を予め単位に置く。つまり個人単位ではなく、家族単位なのだ。労働組合も「男性長期雇用者」の権利のみを主張してきた経緯があり、「家族を養う賃金」=「家族賃金」を一貫して要求し、たとえば「家事労働時間確保」を積極的に主張してこなかった。[★12]

企業内での男女分業型雇用システムが、そのまま男女分業型の家族像と結び合い、これを固定する。企業=家族の結び付きを、国家はあえて法的・制度的に強化して来た。企業内の年功序列型賃金が家族賃金、生活保障賃金となる。つまり戦後日本の場合、個人のアイデンティティは、(近代的市民権じゃなく)〈企業的なもの〉によって長期的に保障されてきた。それはたんなる法人格ではない。「国」や「家族」と絡み合って、どくとくの生命を帯びる。

すると、行政やメディアがフリーター問題を常に少子化/晩婚化/年金問題など、戦後型の「家族」の解体と流動化の危機と結び付けるのは、おそらく偶然ではない!

☆女性労働者はすべからく不安定労働層である?

日本型フリーターの問題を考える時、ぼくたちは底辺労働と女性労働者の関係へ目を凝らさないと、どうにもならない。

事実フリーターにおける女性の占める割合が増加し、二〇〇一年に比率で男女の割合が逆転した（全体で四一七万人とした場合、男性二〇〇万人、女性二一七万人）。しかし、男性労働者と（特に単身の）女性労働者は、ほとんどまったく異なる労働層にみえる。

フリーター階層の形成と増加は、もともと高度成長期に完成した日本型の男女分業システム——男性大企業被雇用者－専業・パート主婦というカップルへの手厚い保護——と不可分だった。即ち、高度成長期には主に中高年女性が占めたパート労働のポジションを、一九九〇年代以降のバブル崩壊と長期デフレ不況に伴い、若年の安価で機動的な男女労働者がなだれ落ちるように占めていった。

総務省の『労働力調査特別調査』によると、アルバイト・パート出現率（雇用者数を一〇〇とした時のアルバイト・パートの比率）は、九〇年代の景気後退を期に急速に上昇する。

たとえば一九七〇年には女性のパート労働者は一三〇万人（女性雇用者の約一割）だったが、二〇〇一年には八二九万人（約四割）となった。派遣・契約・アルバイト労働者を含めると、全年齢における女性の非正規職員率は四七％になる。女性労働者の半数が非正規なのだ。現在でも、先進諸国の中では、フルタイムで働く労働者とパート労働者の男女間の割合の差は、日本が最大だという（小杉礼子『フリーターという生き方』一一一頁、一一三頁）。賃金格差も三〇代の男女の間で特に大きい（宮本みち子『若者が〈社会的弱者〉に転落する』二八頁）。

ジェンダー格差の多元性

男性労働者と女性労働者は決して同じ立場や条件にいないと述べた。男女雇用機会均等法にもかかわらず、現実的には相変わらず機会均等が保証されない。仮に（仮に！）スタート時の機会均等があったとしても、仕事に関わるその後のプロセスで、実質的な結果の不平等が――直接的／間接的に――生じる。ジェンダー格差はあまりに根深い。

またさらに突きつめると、同じ日本国内でも、配偶者やパートナーのいる女性労働者／単身女性労働者／一人親で子供を養う女性労働者などは、同じポジションにはいない。「誰が一番ひさんか？」的な弱者競争や足の引っ張り合いとは別に、単純にそういう現実があり、今後もあり続ける。ひとり親＝シングル・マザーが、層として慢性的な貧困状態にあるとしばしば言われる（たとえば中田照子ほか『日本のシングル・マザーたち』）。

いや、すでに従来の「主婦」に当る女性達も、夫の収入の弱体化に伴い、（小遣い稼ぎじゃなく）生活の維持のために子育てと同時に賃労働にも従事する必要に迫られている――野口やよいは、低収入化した夫／子育て＋就労する妻というカップルを「ＨＩＫＳ（Half Income with Kids）」と呼ぶ（『年収１／２時代の再就職』）。こんな各々の強いられた生活面＝「条件」の多彩さ・違いを都合よく無視して、これを政治的な「対立」（専業主婦ｖｓワーキングマザー、正職員ｖｓフリーターなど）だけに切りつめることは許されない。

☆女性労働者＝依存労働者？

女性（的な）労働者はなぜ低賃金なのだろう？

一般に「女性的」とイメージされる職業が、準専門職（介護・育児・看護師・初等中等教育教員・ソーシャルワーカーなど）の位置に押し込められていることにもよる。医学、法曹、高等教育（特に大学）に占める女性の割合は著しく低い——もちろん、こんな専門職／準専門職の区別自体がすでに微妙におかしい。労働問題を論じる熊沢誠は、最も執拗な性差別は、「性別職務分離」（男女で仕事の内容が違うこと、「男らしい仕事」と「女らしい仕事」の分離）だと述べる（『女性労働と企業社会』）。

たとえばパトリシア・タロックは、それまでほとんど論じられなかった「女性の経済的依存性」の問題を分析する（「ジェンダーと依存性」一九八四年）。タロックによれば「依存的交換関係」は非対称性を特徴とし、強制、非対称的信任、非対称的権力関係、搾取の危険などを常に伴うという。

ベッティナ・キャスは、このタロックの論へのコメントで、女性の依存性の問題を先進国型の資本制社会が前提とする三つの制度から分析する。

①家庭内の分業の結果、女性は家事労働・ケア労働に関わるのが自然とされる（子ども、高齢者、病人、健全な夫の世話）。

②労働市場が男女間で分割され、女性の仕事は一般に不安定で報酬が低く、景気の安全弁として便利に使われ、能力や資格を得る機会も少ない。

③公共的諸政策も、女性が経済的に他者へ依存しやすい状況を、改善どころか推進し強化している。(★13)

有賀美和子は、タロックやキャスの論をさらに一歩進める（『現代フェミニズム理論の地平』）。ケア労働の場合、ケアの相手は子ども・高齢者・障害者・病人など、「一般に依存的地位に陥る危険のある他者」の場合が多い。女性はいわばそれらの「依存せざるをえない人々」が国家や機関へ完全に依存することを防ぐ一種の「緩衝装置」の役割を――世間的に、社会構造的に――期待される。否《いな》、ボランティア的な自己犠牲精神の内面化を暗黙裡に強いられる。

この時女性たちの労働意欲を拘束し呪縛するのは「感情労働」、自分がいなければこの人たちはさらにひどい状況に置かれる、自分の人生をこの人たちに捧げねばという硬質な「道徳的な義務感」であり、それゆえ、道徳感情を自発的に発揮すればするほど女性たちは自分自身をも他者――主にフルタイムの「男性労働者」――への経済的な依存の地位にとどめ続ける…。

ケアの倫理を充分に発揮できるのは、実は男女のジェンダー格差を前提とする資本の構造に、予め絡め取られパラサイトしているからなのだ、そんなやりきれないねじれに気付けないで！ 自主的な努力を重ねれば重ねるほど、それが山上の何かの都合と利権に適合する。しかもまさにそのことが、本人の美しい自己満足と潔癖な倫理観（＝自己犠牲精神）を着々と自己完結的に濃縮していく…。

新経営主義という陥穽

社会学者の渋谷望はこう述べる（『魂の労働』）。

ホームヘルパーなどの介護労働者がよく口にする「つらいけれども、よろこびもある」というタイプの美しく前向きな考え方は、時に介護者と被介護者の間の肉体労働＋感情労働を強制し、経済面での「低賃金を正当化する口実」へと反転する。またそれを各従業員へ強制する口実にもなりうる。顧客（介護される人々）の生活上のニーズを過剰に重視するため、介護労働者の労働強化＝慣例化が生じやすく、仲間内でのスローダウンも機能しにくい。それは時に「新経営主義」＝「顧客による経営管理」と呼ばれる。

それは「押し付けがましい管理や官僚主義的コントロール」を弱めながらも、従業員を管理するために「消費者からのフィードバック」を用いる。顧客による採点表《カスタマー・レポート》などの実践に端的に現われるように、それは従来の経営者からの（「上からの」）指令——それは必然的に抵抗の主体や対抗的文化を職場内に作り上げることを容易にする——を、いわば消費者からの指令に置きかえる。高い「クオリティ」への顧客の「ニーズ」という指令は、経営者、労働者双方の垣根をいともたやすく取り払う。

（『魂の労働』三四頁）

この入り組んだ「罠」の悩ましさを批判しつつ別のポテンシャルを引き出すことは、まったく容易ではない。何より暗澹《あんたん》とするのは、当の福祉労働者たちじしんが（その中でも特に何かの母体を持ち経済的に一定の余裕のある人々が）意識的にせよ無意識にせよ、そう信じている、どこかそれを当然と感じている。つまりはかように「罠」は厄介で底なし沼的に深いという矛盾にある。ある意味で介護労働者の最大の敵は、介護労働者内部にいる。《現場》の矛盾を凝縮する。この事実をまず露呈させる。

その先でしかし、長らく女性を「専業主婦」「パート労働者」の立場に追いやり、軟禁状態にし、そのことで「主たる生計者」の立場をより軽い努力で勝ち取ってきた男性労働者たちに、その矛盾を叩く資格があるのか？　この時「罠」の悩ましさは更に深まる。（★14）

☆女性労働者ｖｓ女性労働者？

しかも注意する。その女性労働者の内部にも、たとえば開発先進国と第三世界の女性労働者の間には、はっきりと差異＝断絶がある。再び単純なこの事実に目を凝らしていく。

マリア・ミース（フェミニズム・社会学）は、現在の企業や国家が安価な「主婦的女性」を便利な労働力として求めているとまず述べる。

一般に認められているのとは違って、女性は（男性ではない）世界的規模の資本主義（と社会主義）の蓄積プロセスにとって最適労働者である。これはつねに事実であるが、世界経済が発展する段階において、この事実は国内および国際的プランナーの経済戦略には、はっきり組み込まれている。女性が最適労働者であるのは、彼女たちが今日普遍的に労働者ではなく、「主婦」であると定義されているからである。つまり、女性の労働は使用価値においても商品生産においても明確ではなく、「自由な賃労働」としては現われず、「所得創出活動」と定義され、したがって男性労働者よりもはるかに低い価格で取引されるということである。

さらに、世界中で女性を主婦と定義することによって、その労働力を安く見積もることができるだけでなく、政治的にもイデオロギー的にも女性を支配することが可能になる。主婦は一人ひとりがばらばらで孤立しているので、彼女たちが働いている組織は共通の利益、生産の全過程を知ることが困難である。主婦の地平線は家族によって制限される。労働組合はこれまで主婦である女性に関心をもつことはなかった。

（『国際分業と女性――進行する主婦化』一七五頁）

その上でこう書く。

第三世界で輸出志向生産を展開している欧米や日本の企業のマーケティング戦略のなかでは、西側の女性も重要な役割を演じているが、この場合は生産者としてではなく、消費者として、主婦、母、性的対象物としてである。生産者としての欧米の女性はこの新IDL（国際分業）の結果、最初に解雇された。（略）新IDLは世界を生産者と消費者に分割していることがわかるが、世界中で、あらゆる階層の女性を、生産者と消費者に分割してもいる。この関係は第三世界の女性が客体として――主体としてではなく――先進国の女性たちが買う商品をとおして、先進国の女性に結びつけられるように構造化されているということである。これは対立する関係であるだけではなく、地球のそれぞれの側で二人の行為者が相手のことをなにも知らないということでもある。南アジアと東南アジアの女性たちは自分たちがなにを生産しているか、また自分たちがだれのためにつくっているのかをほとんど知らない。他方で、西側の主婦は自分が購入するものを生産している女たちの労働、労働条件、賃金などをまったく忘れている。彼女はこれらの商品をできるだけ安く手に入れることにしか関心がない。

（同書、一八二頁）

こんな認識の多元化・多層化、繊細《ナイーブ》な自己検証の過程がやはりとても大事だし、短期的な状況の浮き沈みに惑わされず、長期的に《平等》の大地とポテンシャルを押し広げてゆくためにも譲れないもの、必須となるものではないか、と今のぼくは考える。それなしには、加害と被害の無限連続を一つひとつの関係の絶対性に即して断ち切り、肯定系の何かをえぐり出せないと。

世界資本制経済が加速度的にグローバル化を推し進める現在だけではない。繁茂する資本制の根っこに、既に同様の「性別分業」はあった。

I・ウォーラーステインは、「賃金収入が高い比率を占めている世帯」としての「プロレタリア世帯」（a）と、女性・子ども・老人などの労働力を含む「賃金への依存度の低い世帯」＝「セミ・プロレタリア世帯」（b）を区別する（『史的システムとしての資本主義』）。その上で、歴史的にみて資本制はもともと、純粋な労働者《プロレタリアート》だけじゃなく、安価で機動的に使い回せるセミ・プロレタリア的存在を、その維持のために不可欠な苗床とした、と推測する。

資本と国家は、経済効率を上げ剰余価値を稼ぐために、「世帯を支える男性労働者」だけではなく、そこから排除された流動的で不安定な低価格の労働層を常に必要とした。その意味でフリーター的労働者の起源は、資本制そのものにある。その起源（とそこからの転位）が忘れられている。

しかも断絶と格差は、時と共に悪化する。「史的システムとしての資本主義のもとで新たに生じたことは（略）女性労働の価値がどんどん下がってきたことだ。子供や老人の場合も同じである。これに対して、成人男子の労働に対する評価は、逆にますます上がっていった。」雑多な生存を含むフリーター的労働層は、プロレタリアートでもルンペンプロレタリアートでもなく、セミ・プロレタリアートと呼ぶのがふさわしい。

女性労働者間格差

男性中心に分業化された労働世界が、女性労働者を「セミ・プロレタリア」として無限に買い叩いている。

他方で、主婦の領域に属する仕事を無償労働で当り前のものとして押し付けている。二重の買い叩きがある。しかもこの買い叩きを批判し、これに抗すれば、それ自体を「女の浅知恵」「被害者意識」「十分恵まれている」「フェミはもてない女の負け犬の遠吠え」と嘲笑され、時には男どもの方が心外だと、傷付いた顔を見せる。ボクはフェミニストなんだよ、と笑う。笑うことで当人の屈折や吃音と共に絞り出された《声》を安っぽく消費し、無毒化する。

こうして女性労働者は三重に買い叩かれる（労働からの疎外／家事労働への疎外／声の疎外）。

ＩＬＯは一九八〇年に、「女性は世界の労働の三分の二を担いながら、その収入は五％、資産は一％に過ぎない」と述べた。性別分業システムは、資本・企業から見ると、そもそも経済効率が高いシステムとされる。家事労働の無償労働化／フレキシブルな女性労働力の確保／賃金コストの抑制などの「特典」がいっぱいだ。ＯＥＣＤが行った男女賃金格差の国際比較（二〇〇〇年）によれば、日本は相変わらず男女の賃金格差が際立って大きく、先進国で韓国と共に最大の国だ（現金給与額で、男性を一〇〇とした場合、女性は六三・五）。

でも、地盤はさらに底が抜ける。その女性労働者たちの間にさえ、各々が属する位置や社会環境で大きな－小さな格差が存在するから（女女格差）。

この視点を、弱者競争と被害者意識のインフレ＝「あなたはまだ恵まれている！／私が一番ひさん！」とは別のやり方で、多角的に貫きたい。若年フリーター層の増加が、それ以外の階層から何を奪っているのか。これについてはあとで述べる。

もう一歩ある。

さらに踏み破れば、「第三世界」＝開発後進国と呼ばれる地域の内側にさえ細かいが多種の分断＝位相差があり、かつ個々人を強いる状況は、最後には個々の立ち位置（の絶対性）に応じて個別にセンシティブに問われる他にない。人に固有の肉の苦痛は、階層も地域も性差も斜めに越えて、常にそれ自体としてぎりぎりの場所で「発見」される——これも単純な、とても当たり前の話だけれど。

そしてこれらのプロセスをくぐる上で絶対に忘れてはいけないのは、その批判＝吟味が決して他者恫喝的な方向【君よりも悲惨な人々は無数にいる、君は被害者面をするな！】にではなく、自己検証的な方向【現状は確かに苛酷で苦しい（としか感じられない）、しかしそれでも自分はまだ何かの恩恵＝特権に恵まれていないか？】でなされた方がいい、という点だ。さもないと他者をめぐる議論は、単なる弱者競争と、とめどない自己批判／他者恫喝のサイクロンに転落する。

述べてきた事柄を、「フリーター」という雑多な労働階層について問うていこう。

☆フリー・エージェントとは誰か？

クリントン政権で労働長官を務めた経済学者のロバート・ライシュの『ザ・ワーク・オブ・ネーションズ』（一九九一年）という本がある。ベストセラーになった。

彼によると、二〇世紀末以後、貿易・企業活動・組織のグローバル化が急激に進むに連れ、従来の国内本位の巨大企業に代って、《グローバル・ウェッブ（蜘蛛の巣）》とでもよぶべき国境を越えたネットワークが経済の主役となった。製品、サービス、情報の流れが国境を越え多国籍化した。この状況には、従来の一国主義的な景気政策や企業間の競争力強化では対応できない。

ライシュによれば、グローバル・ウェッブ化した世界の中では、労働者は（少し特別な位置にある農民・鉱業従事者・公務員などを除き）以下の三種に分類される。

① 「単純くりかえし生産作業職種」（ブルーカラー、情報産業のデータ処理作業者など）
② 「対人サービス職種」（店員、セールス、介護職、秘書、警備など）
③ 「シンボル分析的サービス職種」（データ・言語・音声・映像などの分析を通じて問題発見・解決・戦略などの活動を行う、科学者・設計・建設・ソフトウェア技術者・生物工学技術者・投資銀行家・法律家・専門会計士・コンサルタント・芸術家など）

教育社会学者の岩木秀夫は、デフレ型のポスト産業主義社会（＝情報・サービス業中心）としての現在、ライシュのいう「③シンボリック・アナリスト」と「①単純生産作業職種／②対人サービス職種」の区別は、そのまま一握りの「専門職の横断的な労働市場」と、大多数の「ブルーカラーや下級ホワイトカラーの流動的な労働市場」の区別へと二極的に分断されると述べる（『ゆとり教育から個性浪費社会へ』）。

この論を日本型フリーター問題の文脈に継ぎ合わせると見えてくるものがある。

この区分は、多業種を含む雑多な階層としての「フリーター」の内部にも、内部に走る亀裂や差異線を、容赦なく照らし出す。みもふたもなく言えば、フリーター内部にも「勝ち組」と「負け組」がある…。そうなる。

フリーエージェントとフリーター

実際岩木はさらにこれを、アメリカの経済・労働政策にかかわってきたダニエル・ピンクの「フリーエージェント」論へ繋げる。

フリーエージェントとは「誰」か？

ダニエル・ピンクは、アメリカ国内の、フリーランス・臨時職員・ミニ企業家などからなる「フリーエージェント層」の割合を調査し、フリーランサー（法律上は独立契約者）は一六五〇万人、人材派遣会社を通じて働く臨時職員は三五〇万人、ミニ企業家は一三〇〇万人、合計三三〇〇万人がフリーエージェント人口にあたると推定する（『フリーエージェント社会の到来』、原著二〇〇一年）。するとフリーエージェント層は全米の全労働者の約二五％を占める。しかもこの数値はまだ控えめで、全体の約三〇％という推定も存在するし、近い将来二〇一〇年には四一％に達すると予測する論者もいる。

ピンクの著作は、好況期のアメリカらしく、明るく祝祭的な雰囲気に満たされている。

他方で、長期停滞する日本国内でのフリーター型生存スタイルは、今や誰もが言っているけれど、その大半が、終身雇用や戦後型家族から見離された経済的な「負け組」どもの群れに見える。

一九八〇年代半ばの「フリーな労働者」という身軽で肯定形のイメージは、今やほとんど駆逐され、逃げまどう家畜のごとく散り散りになった。空気は不透明なまま殺伐としている。一〇年単位の未来へのヴィジョンは皆無だ。

沈滞と気鬱さを重ねる労働生活の継続が、いつしかぼくたちの中に、人格の解離・多重化、刹那的な消費活動への没入、生来の「個性」の無条件の肯定（オンリー・ワンとしての「わたし」!）、狭隘な島宇宙化された趣味への情熱、「愛さえあれば何もいらない」的な恋愛至上主義…などの細分化されたアイデンティティの形を、気泡みたいにつぶつぶと生み出す。ぼくらはその泡風呂的快楽に陶然と沈み込む。でもそれらは真の自発的な自由なのか。現実逃避の趣味化、負け犬の遠吠と何が違うのか。

多くの人が、狭い趣味的なコミュニティに閉じ込められるか、生活ゾーンの孤立を深め、原子＝アトム化する。孤独の中で相互に悪意や不満を重ね、プチ消耗と罵倒を泥沼化させる。一方的に経済面が人格を決めるわけじゃない。両者が相互に絡み合い、状況の偶然の中で重層決定的に、ぼくらの名前もない剝き出しの生存状況を押し流していく。長い生活時間の中で、無数の他人たちと出会いを重ねるほどに腐食する、奇妙な孤立をエッチングのように描き出して。

☆勝ち組フリー労働者vs負け組フリーター？

あの日…オレは唐突に……分かってしまった……！／人一倍…そうまわりの誰よりも大騒ぎしながら、オレは…胸の奥がどんどん冷えていくのを感じていた……！／他人事じゃないか！／どんなに大がかりでも、あれは他人事だ……！他人の祭りだ……！／いったい…いつまで続けるつもりなんだ？……こんな事を……！

（福本伸行『最強伝説黒沢』）

自由の享楽

場当たり的・表層的な「生物的・生理的・心理的個性」などの賞揚や肯定が、結果として、ぼくらに（経済構造のレベルでは）別の何かを盲点にしている。ささやかな自由と幸福を自分では享受し謳歌しているつもりが、その底で実は何かにじりじりと魂を収奪され消耗している…。

ベンヤミンは言う。

新しく生れたプロレタリア大衆は、現在の所有関係の廃絶を目指している。しかしファシズムは、所有関係には手をふれずに、大衆を組織化する。その際ファシズムは、大衆に（権利を、では決してなく）表現の機会を与えることを、好都合とみなす。所有関係を変革する権利を持つ大衆に対し、ファシズムは、所有関係を保守しつつ、ある種の〈表現〉をさせようとするわけだ。理の当然として、ファシズムは、政治生活の耽美主義に行き着く。

（「複製技術時代の芸術作品」、訳語一部変更）

構造上の《罠》があるのだ！

——何かの享楽的な（商品や物語や恋愛の）消費が、自由な具体的行動などではなく、外から消費させられているだけであり、結果的に特定の誰かの富・利益の一極集中をもたらし、欲望の集合・流れが都合よく誰かに誘導されていく。「召使階級の閑暇は、いわば支配階級から強制された行為であり、通常、もしくは第一次的に、かれら自身の愉悦に向けられるのではない。召使階級の閑暇はかれ自身の閑暇ではない」（ウェブレン『有閑階級の理論』）。

しかもそのことで、別の他者の人生をじわじわと損ね収奪する。「女子供」のファッションもどうでもいいコレクターもオタクもギャンブル・風俗狂いも、その点は皆同じだ。今が楽しければいい、自分たちは幸福だからあとは放っておいてくれ、と。日本は消費者に極端に優しく、労働者には不自然に厳しいだけじゃない。「お客様の時だけは神様になれる」ことで、労働力を「売る」時の我慢や痛苦を仮そめに鎮痛できる。消費行動の自由は、幻想というより、魂を鎮める依存性の麻薬だ。

でも人が自由であること、自分の欲望の原因が真に自分であること（自己原因＝自由）は、本当は想像を絶して難しい。天使でも悪魔でもない人間、地上で生きる人間には、完全な自由の実現はきっと不可能なくらいだ。

ぼくらは、大量消費やお祭り的蕩尽やメディア上の「感動」ごときで本当の何かを勝ち取れはしない。そんなことはとうに自覚しているのではないか？　一九八〇年代だけではない。戦後からバブル破綻以後の現在へと問題は地続きだ。社会のマクドナルド化、アメリカン・ウェイ・オブ・ライフのグローバル化ということも——思想やイデオロギーと言う以前に——世界的な富とテクノロジーの一極集中というみもふたもない物量的問題としてある。

フリーター同士の攻防と「別の自由」

現在四〇〇～五〇〇万人と言われる――ひきこもり／ニート／三五歳以上の労働力などを加算するとさらに裾野はひろがる――フリーター層は今後ますます、勝ち組的フリーター（シンボルアナリスト）と負け組的フリーター（単純生産作業職種／対人サービス職種）の両極へと、二極化してゆくだろう。それはスキル格差の問題、賃金格差・家族格差…の問題へとつながる。

誤解しないでおく。

スペシャリスト＝勝ち組フリーターが口にする流動化とは、単に「職場の流動化」であり、「生存と家族生活の流動化」ではない。多くのフリーターにとっては後者の流動化、生存の擬似的な家畜化が危機的《クリティカル》な問題となる。丸山俊（ＵＦＪ総合研究所）は、「フリーター社会のピラミッド」が所得順にスペシャリスト／低賃金労働者／失業者（求職中）／ニートと階層化され、スペシャリストへの上昇は困難だが、後者三つは容易に相互に移動＝転落しうると述べる（『フリーター亡国論』）。ゆえに既得権益や社会的能力を既に勝ち取った勝ち組フリーターたちの「俺も同じフリーターだよ、だから努力すればできるはずだ」というよくあるねじれた恫喝と自己正当化は実は最悪だ、結局は自分の足元を顧みる公正な勇気を欠くだけだからだ。

フリーター同士の競争と攻防が、益々先鋭化し加速するのか？

日本でも《起業》が流行している。青年起業／週末起業／社会的起業など。ダニエル・ピンクは、フリーエージェントに「ミニ起業家」を含める。玄田有史も女性やフリーターの積極的な起業を、現在の閉塞状況の打開策と捉えた。

　でもその起業の活性化をすすめる運動は、単に、負け組フリーターを脱し（正職員ではなく）自分だけが勝ち組フリーターになること、フリーター内部の競争に勝ち抜くことを目的とするだけなら、ネオリベラルな競争社会の肯定と何も変らない。いや、さらに悪い。既得権益保守への徹底批判、ゼロからの雇用起業というノウハウはすごく貴重だと思う。でもそれが、それだけにとどまる限り、資本と国家の支配原理に抗する対抗原理は、フリーター同士の単なる利権・勢力争い、蜘蛛の糸の奪い合いに転落する。ワーカーズコレクティブやワークシェアリング（関係する者の内部での平等）などのオルタナティヴ、資本制下の賃労働とは「別の」労働スタイルの提案と創出を考える時でさえ、一番根っこにある一番むつかしいこの問題は、なお残り続ける。

　でもそれだけではダメなのだ——私的所有と自由競争の原理をその先でそれだけにはとどめない何か、「別の」生活原理をぼくらが汚泥の底の底からつかみ取れないならば。


　ぼくらは自由競争をまったく否定しない。ただ、私的所有や競争原理の全的な肯定が暗部＝盲点として見落とすもの、ひそかに粛清するもの、濃《こま》やかで物深いそんな何かの中に、むしろ人々のアクティヴな競争・葛藤空間のぜんたいを土台から生かしめる、腐葉土の匂いを感ずる。

　ぼくらは単に「脱」フリーターを目指すだけではなく、真っ直ぐに、フリーター的労働者がもう「フリーター」と蔑称されずにすむ社会を構想し、これを目指した方がきっとよい。

☆フリーターとセキュリティ型権力・I

見えない「管理」の権力

日本のフリーター型労働者は――一九八〇年代後半当初の感覚では――さまざまな拘束や桎梏から解き放たれた「自由な労働者」のイメージのきらめきの中で、社会に産み落とされた。国家や企業や家族のためではなく、ただ自分の人生のために、自分の夢や趣味のために働けばいい。それは、滅私奉公する会社人間型ライフコースからの解放の夢を垣間見せた（依然そんな輝きのポテンシャルはある）。

しかし現在、フリーター当事者のほとんどは「自由」ではない。日々の自由を実感してやしない。どんなアンケートやインタビュー集をみても一目瞭然だ。フリーターの擬似家畜化されたライフスタイルは、一九八〇年代的な消費と解放の光景を開かない。荒涼と腐朽《ふきゅう》を重ねる生存のフィールド（労働の条件）でしかない。

なぜぼくらは、あなたたちは、自由を感じ取れないのだろう？

バブル崩壊以後の不況から来る経済的苦境や見えない未来への際限ない不安。これに関してはふれてきた。ただ、他の要因もある。つまり、何らかの権力の作用という要因が。

一見多様に活動する「自由な」フリーター型労働者の身体をなお拘束する《権力》がある――では、それは何だろう。ライフスタイルのうわべの多様性にもかかわらず、いやそれゆえに、フリーター階層の人々は、何らかの管理を被っている（ようだ）。意識や価値観の自由は、別の不自由さという基盤の上にある。

権力の現在形とは何だろう？

それを、やはり《セキュリティ》と名指してみる（security＝安全、安心、防護）。

セキュリティ化する社会――極端な寛容と極端な排除

社会のセキュリティ化は、多文化主義が極度に進んだアメリカ大陸をまず覆った。日本では、一九九五年の阪神淡路大震災とオウム真理教の地下鉄サリン事件のあと、徐々にひろがりを見せ、二〇〇一年の米国同時多発テロによって社会のセキュリティ化が国民感情的に強力に熱望された。

この流れを、図式的に「近代社会からセキュリティ社会へ」と考える。

近代社会は、価値観の多様さに不寛容で、それらを「規範＝普遍性」の名のもとに吸収し一元化した。そこでは物事の多様さはマイナス評価となる。逆に言えば、近代社会は、秩序を逸脱する手におえない犯罪者や反逆者や異議申し立てする者たちもまた、矯正すべき存在として社会の中に組み込もうとしてきた。ある意味では寛容だったことになる。

セキュリティ社会では逆だ。価値観や物事の多様性を積極的に受け入れ、これを肯定的に賞揚する。でも社会秩序を逸脱するもの（犯罪者やテロリストや不安定労働階級）の存在に、まったく我慢できず、残酷なくらい不寛容な態度を取る。厳格な防壁を築くだけではない。滅茶苦茶な理由のでっち上げも、事前の予防拘禁も辞さない。容赦も歯止めもない。シンプルゆえに恐ろしく厄介なその原理は、《排除》と《隔離》だ（酒井隆史『自由論』参照）。

これも遠い国の話ではない。香山リカ（精神科医・文筆家）の的確なスケッチ――

ビジネスやアカデミズムの世界で、〝成功している〟と言われる若手に会うたび、彼らの人あたりの良さや趣味の良さ（つまり「オヤジくささがない」ということ）に感心すると同時に、彼らが「強い」「正しい」「稼ぐ」「有名になる」ことなどをあまりに屈託なく肯定しているのに驚かされる。

逆に言えば、彼らは「弱い」「正しくない」「稼がない」「無名のまま」が大きらいで、そういう状態にいる人を心底、軽蔑しているのだ。と言うより、「そういう人も、自分と同じ人間なのだ」という意識がそもそも欠落している。自分たちと同類の（と判断した）人間には気持ち悪いほどやさしい彼らなのに、話がひとたび自分たちとは異種の（と判断した）人やできごとの話になると、「あんな犯罪者たちは一生、オリの中にいてもらいたいですよ」とか「ホームレスが町をうろうろするのは汚いですよね」などと手のひらを返したような冷淡な態度を見せる。

彼らのもう一つの特徴は、自分と同類の（と判断した）相手は、自分と同じ価値観を共有しているだろう、と信じて疑っていないことだ。あるとき、ベンチャー企業の若き社長に「精神障害者を簡単に退院させられては、私たちは安心して暮らせませんよね」と正面から言われて、一瞬返答に窮したことがあった。

（『「愛国」問答』四～五頁）

セキュリティ型社会では、人々の多様性・差異の受け入れと、「べつの」他者たちへの容赦も留保もない排除＝隔離が――一見奇妙だが――パラレルに進んでいく。差異の肯定と極端な排除…。すべてを叩き伏せる正しさと吐き気がするほど邪悪な暴力…。

セキュリティ型の排除は、「自由」の原理主義と共犯関係にあり、そのことでその威力を社会の隅々まで徹底する。一見奇妙で厄介な、緻密に結晶化された「正しさ」のロジック。人々の多様性は積極的に認められるべきだ、ただし、この社会に参加する資格があるのは強い＝正しい人間だけだが。君はどんな生き方を選んでも当然構わない、君には自由がある、ただし強い＝正しい生き方しか君には許されないが。さもなくば……。

〈アンダークラス〉は排除されて仕方ない!?

社会のセキュリティ化が高まるに連れ（もはや「矯正」のチャンス？さえ与えられず）「排除」されるのは、誰か。

冷戦崩壊後、しだいに明確な形を取り始めた社会の「新しい敵」のイメージは、「アンダークラス」と名付けられた。

アンダークラスとは誰か？

酒井隆史はH・ギャンズという人の次の言葉を引く。「この言葉はフレキシブルであるがゆえに（略）貧しい人々、不法移民、一〇代のギャング成員もまたしばしばアンダークラスと名指されることになる。実際、行動的定義のはなはだしいフレキシビリティによって、この言葉は貧しい人びとを、その実際の行動がいかなるものであれ、スティグマ化するために用いられうるラベルとなる」（『自由論』二八六頁、傍点引用者）。

《貧困者の犯罪者化》という短絡化が生じる。経済的な貧しさが、そのまま道徳上の罪悪、犯罪者の徴候（奴らはあぶない！）に重ねられる。

リバタリアン（自由至上主義者）は言う。

【アンダークラスな君たちが今も経済的に貧しいのは（社会の不公正ではなく）あくまで自己責任の結

果であり、君たちは自分で好んで貧しく病的な今の生活を選んだのだから、社会的に排除されても仕方ない、すべて自業自得だ。】

アンダークラスの「クラス」とは、経済格差と分断だけでなく、「道徳的境界区分」を意味する。前者が不断に後者へとスライドし、帰責させられる。この世には勝ち組も負け組もない、確かにそうだ、でもそれを口にする資格があるのは「わたしたち」(君たちが勝ち組やリバタリアン、何と呼ぼうと勝手だが)だけだ、君たち「負け組」がごちゃごちゃ理由を捻出して一見「正しい」言葉をぶつぶつと口にしても、それは都合のいい言い訳と自己弁護でしかない、と。どうでもいいニセの問題をこねくりまわし、無駄な時間を浪費しているのは君たちの側だろうと。

アンダークラスという規定は、それ自体が曖昧でフレキシブルだから、誰にでもあてはまる変幻自在な性質をもつ。アンダークラスのフレキシビリティは、そのまま、今日の日本型フリーター的労働層の本質的なフレキシビリティとも相即的だ。

実際、竹中平蔵と厚生労働省は、一九九〇年来の日本の不況をもたらした諸悪の根源を、まさにフリーターの存在に求め始めた(『国民生活白書　デフレと生活――若年フリーターの現在』)。

☆フリーターとセキュリティ型権力・Ⅱ

雇用／職場／権力

テクノロジーと結びつくセキュリティ型権力は、〈雇用〉の場面で――あるいは就業者／失業・無業者の攻防線上で――おそらくもっとも苛烈に噴出する。

たとえばジル・フレイザーの『窒息するオフィス――仕事に強迫されるアメリカ人』(原題は「ホワイトカラー搾取工場」、原著二〇〇一年)のレポートによると、近年のアメリカのホワイトカラー層もかなりひどいことになっている。

アメリカ企業は、不況を理由に人員削減・レイオフ(将来の再雇用を約束した一時解雇)などを強行し、アウトソーシングを進め、臨時労働者を大量に導入した。その結果、会社内の正規職員にも大きなしわ寄せが来ている。

ある会社では、管理職に対する二四時間体制の「オンコール(いつでも呼び出しに応じられる勤務)」システムを導入した。一日一六時間働き、帰宅後はメールと留守電のチェック、いつ会社から呼び出されるかわからず、仕事/プライベートの区別がない。

この状態をつくり出したのが、ファックス、パソコン、携帯電話、ポケベルなどの周辺機器テクノロジーだ。「テクノロジーは仕事洪水をもたら」し、労働者を自宅まで、自室まで、寝室まで追いまわす。職場内の労働者管理システムの強化も急速に進んだ。多くの会社が職員監視用に監視カメラをオフィスに設置し、各人に支給されるパソコンは、そのアクセスログやメールの送受信の記録を徹底的に追跡チェック可能だ。労働者の生の全体がオフィスと化し、二四時間管理で窒息する…。

派遣職員の面接時の情報・データは、容貌のランク(!)などを含め、派遣業者の世界では裏で相互にデータベース化されていると言われる。派遣職員にとどまらない。既に労働者は、就職・面接する時にデータベースから個人情報を引き出され、仕事内容との適合性を事前にチェックされる科学技術的な可能性がある。遺伝子・DNAレベルで(将来病気に罹る確率などを)スクリーニングされても少しもおかしくない（D・ライアン『監視社会』、立岩真也『私的所有論』の第七章一八三〜四頁またその注などを参照）。

遠い未来の話ではない。恐怖を徒に煽るのでもない。保険の資格審査と併せて、遺伝子レベルでのチェック機構は既に稼動している。今更驚く話ですらない。アメリカで技術評価局が行った大手五〇〇企業へのアンケートでは、八社が既にスクリーニングを始めたと答え、五四社が今後取り入れる予定と回答した――一九八八年の時点の話。

スクリーニングが注目されるのは、多くが環境の劣悪な工場・精錬所だが、ホワイトカラーも例外ではない。たとえば家族にハンチントン舞踏病の遺伝子があるなどの理由で保険加入をキャンセルされる事例は、多く報告される。個人の遺伝子情報は、既に生命保険や医療保険などの保険加入の決定の際に何らかの形で参照されている。雇用の際にも、家系的に障害のある人や遺伝病を発病する「かもしれない」人は、事前にはじかれていく。しかもそんな個人情報が、各企業間で包括的にデータベース化され、今後は益々されていく。

草の根的な監視ネットワークがある

フリーター的労働者の身体は、セキュリティ型権力に常時さらされ、情報の断片を切り売りされ、多重化された監視の被爆を続けている。

だが立ち止まろう。

「上からの」監視だけではない。多くの人が実感するように、各企業へのうわべの「成果主義」の導入は、労働者同士の相互監視、秘密や噂話など、職場内の情報戦争の苛烈化、上司（雇用主）への隠微な従属と管理化を、いわば草の根レベルでより深刻化した。この流れはより下位の労働者の魂へ押し込められる。たとえば、東京の教育現場へのネオリベラルな評価主義の導入がもたらした状況に関しては、斎藤貴男のルポがある（『教育改革と新自由主義』）。労働市場は、多様な労働者たちの個人情報を工学的にデータベース化する。底辺労働市場を多角的に管理《マネージメント》するのが、各ジャンルの情報やノウハウを自在に使いこなす「シンボルアナリスト」＝スペシャリスト集団かも知れない（野宿者や外国人労働者、障害者の雇用と就労機会をめぐる現状の中に、こんなグロテスクな状況は色濃く剔き出しになる）。

見られるのは、上から下位の労働者を押さえつけるタイプの権力だけではない（★15）。労働者が自分たちの相互的な情報ネットワークの中で、細かい噂話や陰謀や捏造などを連鎖的に積み重ね、いつの間にか誰かを「排除」している、自然に「管理する側」の思惑通りになっている、そんな光景だ（たとえば急増する個人に対する集団的ストーカー）。

当事者にもよくわからない形で生じる排除。

誰が悪いとか噂話とか陰謀とか、悪意が入り乱れ、判断や認識の規準や定点が何処にあるのか、よくわからなくなっていく。「たまたま」がいくつか重なることで、べつに誰でもよかったのだが「たまたま」その人が致死的なダメージを強いられる。巻き込まれた「被害者」の手も、泥や血で汚れる。悪意や猜疑心や陰謀がグチャグチャに渦巻き、誰が犯人で誰が探偵で、誰が被害者で加害者で、誰が警察で司法なのか、よくわからなくなる。

排除される人は、本当はありもしない「秘密」（過去の噂や恋愛話？）を捏造され、内面へ押し付けられる。

社会学者のデイヴィッド・ライアンは言う、情報社会＝監視社会では、個人の人格や生身の身体は消失する、「記録された行動の総体から抽出されたデータ・イメージ、これこそが重要なのだ」「今日、最も重要な監視手段は、収集されたデータの保存・照合・修正・処理・売買・流通を可能にするコンピュータの機能である」（『監視社会』一三・五〇頁）。

断片的なデータが命取りになる。厄介なのは、情報型の暴力は、全体が虚偽ではなく、大まかな事実と核心部での虚偽・歪曲を、微妙にブレンドした混合体だからだ――捏造した側でさえそれに気付けないかも知れない！

そして、そんな事実／虚構のブレンドが明らかだからこそ、情報型暴力は集団内でとめどなく感染する。この空間で排除の対象＝「犠牲者」になりやすいのも、派遣労働女性／障害者／外国人労働者など、社会認知上のスティグマを負わされた人々だろう。そしてこの先で重要なのは、ざんこくな矛盾だとしても、こんな「たまたま」の玉突き的連続＝偶然決定の無力を、加害者／傍観者／被害者がある意味で「共謀」して、草の根的に押しひろげてしまっているというグロテスクさにある。では、この状況になお「否」をつきつけ、抗するための手がかりは何か。

メール・マガジン「派遣のお手前！」で栗田隆子は書く、「末端の労働者であればあるほど、末端同士の些細な違いに敏感になるっていうか、いがみあうっていうか…。「金持ち喧嘩せず」とかいう恐ろしいことわざの意味をかみしめる日々です」。

【君たちは社会の不平等のせいで貧しいのではない、自分で好きこのんでアンダークラスな生活を選んだのだ、不況や失業率の高さは認めるが、正職員で働こうと思えばいくらでも働けるはずだ。

はっきり言う、君たちは経済的にも倫理的にもひと山幾らの匿名の存在だ。「顔」がないのも当然だ。そればかりか、いつでも社会を逸脱し無用な混乱を招く「敵」となりうる。君たちにはそのリスクが疑いなくある。君たちは社会の真の多様性や生産性をいたずらに阻害する。

生かしておいてやったのがそもそも間違いだ。都合が悪くなると被害者面するな。単に負け犬なだけだ。日本社会のごみくずを全滅させ、真の実力と能力主義をひらく。相対的な生活と経済の貧困は、間違いなく犯罪やテロルの温床となる。君たちは危険だ。危険は断固事前に摘みとる。犯罪の原因を探るだけでは意味がない。これから起こるかも知れない犯罪のリスク（かもしれない＝偶然性）を事前に予測し、徹底的に叩き潰す。君たちの排斥と拘禁は、正当な手続きを経た上での当然の結果だ。いや、むしろそうしなければならない——悪の証拠（大量破壊兵器？　共謀罪？）なんて見つからないからこそ、そうする……。】

☆フリーターとセキュリティ型権力・Ⅲ

「敵」と《敵対者》

しかし素朴な疑問がやはり沈澱する。この場合のセキュリティとは、公的な社会保障（social security）でさえなく、相対的な「勝ち組」に属する人々の「安全」でしかないのではないか。

セキュリティの上昇化へと猛進＝盲進する社会のなかで、ぼくらを支配する基本的な感情は、「恐怖」だ。

誰に対する恐怖だろう？

社会秩序を、自分たちの生活上の「安全」を揺るがし、紊乱《びんらん》する「敵」への恐怖…。

敵とは誰か？

わからない。

——というより、その正体がわからないから敵は敵なのだ。ジョークのようだけど、本当にそうなのだ。

敵はつねに正体不明な他者、恐怖に首をつかまれた人々が生みだすイメージ（表象）を意味する。スペクタクル化された虚構の敵。

これは本当の《敵対者》、人が各自の人生に応じて真にたたかうべきリアルな《敵対者》とはビミョウに違う。

日常の中で増殖する恐怖の情念は《敵対者》《アドバーサリー》の正確な位置を見誤らせ、歪曲された妄想の「敵」《エネミー》のイメージを広げる。本当の《敵対者》が見分けられない。見つからないからこそ益々身の周りに無制限にニセの「敵」を捏造し、再生産する。大義も道義もない空疎なアタック（攻撃）だからこそ、暴力は、自分の正当性＝無限の正義を事後的に貪欲に跡付ける…。

すべての存在＝他者が、潜在的に敵になりうる。恐怖や不快の感情をわずかでも喚起するもの、わけのわからないもの、将来たまたま何かをしてしまうかもしれないものは、社会秩序の本質的な「敵」となる（有名な割れ窓理論——窓の割れた家を見かけたら犯罪の兆候と思え…いずれすべての窓が割られる…それが街の安全の礎になる…）。

恐怖は内から生じる

恐怖の感覚は容易に逆流する——自分が周りの他人たちから社会の「敵」と見なされてしまうかもしれないという恐怖、自分が犯罪者・敵（他者の他者）へと転落しかねない恐怖へと。むしろ恐怖の原液は内部にある。

実際、ひとはいつ事故を犯すか、いつ突発的な犯罪に手を染めるかわからない。この「いつか自分もたまたま何かをやるかもしれない」可能性、自分もまた未来に加害者になるかもしれないという内的な偶然性は、それがそんなものはありはしないかのように抑圧される時、恐怖／不安の情念をさらに高密度化する。高まることで、ひとはより安全な環境を益々欲望する。

セキュリティが高まれば、「偶然」のポテンシャルは抑圧され、自分が犯罪や事故に巻き込まれる可能性も縮減する。すると、排除は生存環境のすみずみに徹底化され、夜は白昼となりすべてが白々と照らされる。オートマティックな永久機関…。

内部から生じる恐怖には際限がなく、完全には消し去れない。自分の存在自体を消す以外には。ゆえに永久に他者を「敵」として（内包・矯正ではなく）「排除」せねばならない。排除し続け、自分は社会秩序を紊乱する「敵」ではない、と周りの人々に政治的に証明し続けねば…。

さいごに、現実が強いる矛盾を真摯に生きようとする人がつねにたちかえるべき原点を確認しよう。ぼくらの本当の《敵対者》は、無限に外部に「敵」を見出しこれを叩き続けようとする永久機関的な欲動、つまり自分の内部にあると。

【……職場の女性からこんな話を聞いた。フィクションか寓話なんだろう。

一部の特権的な階層の人々が自然に集まり、自分たちの生活の安心と平和を求め、街そのものを要塞化し、厳格なゲーテッド・コミュニティを築いた。殺菌された空間内部から確かに犯罪は減り、摩擦や諍いも減り、死と暴力はコミュニティの外へ放逐された（正確には、街の外に生きるアンダークラスな人々を過剰に排除し、彼らを強引に拘禁・逮捕する形で、暴力を他人の側へ押し付けた）。平和で穏やかな時間が過ぎた。……すると、巨大な壁に囲まれたこの安全な空間の中では、自殺者が増え、摂食障害や鬱に悩まされる人が増え、内側から静かな崩壊が住民達の生活を食い尽くしていった、もう周りには、誰も敵がいないから、彼らは何とたたかうこともできず、たたかうことすらできず、淡々と狂気と崩壊の浸蝕を受け入れる以外になかった――と。

こんな話は、爽快なユーモアと希望に満ちている。

たとえば、こんな返信を――あなたたちは、今以上に清潔で安全な空間で退屈な人生を末永く過ごしてくれ、好きに生きてくれ、ぼくらはその街へは行かない。】

☆労働者にとって自由とは何か？（原点）

しかし「フリー・アルバイター」の「フリー」（自由）とは、もともとどんな意味なのだろう？

近代労働者の〈原点〉について考えてみる。

マルクスは、マニュファクチュア期以降の、近代資本制の下で生きる労働者の本質を、「二重の意味における〈自由〉」に見出した。「貨幣を資本に転化させるためには、貨幣所有者は商品市場に自由な労働者を見出さなければならない」（『資本論』1・2・4・3）。自由の二重性、両義性とは何か。封建社会から賃労働の関係へ移行する転形期に、人々の働き方に何が生じたか。

二重の自由

（マニュファクチュア期にあらわれた大衆は）二重の意味で自由であった…。（第一に）、古い保護または隷属の関係および役務の関係から自由であり、第二に、一切合財の持物とあらゆる客観的な物的定住形態からの自由、すなわちすべての所有からの自由であった。唯一の生業の道としてあてにできたのは、彼らの労働力能の販売か、でなければ物乞い、放浪、盗みであった。彼らは最初は物乞い、放浪、盗みをやろうとしたが、しかしこの道からは絞首台、曝し首、鞭刑によって追いだされ、労働市場にいたるせまい道へとかりたてられたのだということが（略）歴史上確認されている。
（『経済学批判要綱』）

近代の賃労働者は、資本や土地を持たない。かといって封建制下の奴隷でもない。彼らは何も所有しない――自分の肉体と労働力以外には。それゆえ自分の肉体と労働力を資本家とマーケットに売って生きる。そういうライフスタイルが残る。

ここに労働力商品としての二重の自由が現れるとマルクスは考える。つまり、前近代的な隷属関係からの自由という積極的な面と、他の何ものの庇護も受けえないかも知れないという消極的で不安な自由とが。

マルクスはこれを、一六世紀中ごろから一八世紀のマニュファクチュア期に見出した。でもこの感覚は、現在の転換期を生きるぼくたちの素朴な日常と労働に照らしても、リアルに絡みつく感覚、肌にひりつく実感ではないか。

ぼくらには職業選択の自由があるとされる（日本国憲法第二二条）。でもその自由には、自分を雇ってくれる雇用者を見付けて賃労働の機会を得られない場合、誰からも経済上の庇護や救助を受けられないかもしれない（働く場がないかもしれない）、「物乞い、放浪、盗み」などによって生きる他ない立場へ転落するかも知れないという不安の気分が、常に幽霊みたいにつきまとい続ける。

不安と恐怖

労働者を強いる〈不安〉の気分は、何かの欠如や例外状況ではない。賃労働者の心臓に穿《うが》たれたエッセンス、本質的な空洞、亀裂と言える。

哲学者のハイデガーは、「恐怖」の感情と、人間の本質としての「不安」の気分を区別した。恐怖は外界に対象を持つ。不安には具体的な対象がない。人は特定の何かを怖れる。他方、人はただ何となく不安になる。不安の理由は、自分が世界の中に存在すること自体にある(『存在と時間』)。

この議論は、近代的な労働者の生存条件を照らし出す。《空隙》は、交換過程(貨幣→商品→貨幣′)の偶然性、労働力商品の偶然性(自分という労働力は売れるのか? 持続的生存の賃金を得られるか?)から来る。人の存在自体がはらむ空隙、労働者としての本質的な偶然性の不安——この不安=偶然の感覚は、否定し乗りこえるべきものではなく、持続的にみつめ続けるしかない。さもなければ、不安が次々と新たな不安を呼び、恐怖の感情が別の恐怖を呼ぶという相互妄想と悪循環を——そして国家‐資本による不安産業を介した人々の不安の搾取と収奪、市民同士の相互不安を通じた五人組的な相互監視と疎外を——ぼくらは半永久的に断ち切れない。

……でもマルクスの言う二重の自由は、そのままでは、今現在を生きるぼくらフリーター型労働者の真の「自由」の可能性を輝かせない。流動する不安=偶然の原液を単に見つめ続けるだけでは足りない。それは近代資本制下で生きるための条件面であり、条件の汚水の底から勝ち取られる目的=理想の原石とまでは言えない。

では、物理的条件を目的(理念)へと取って返す、そのアクティヴな転回の主軸はどこにあるのだろう?

☆働くの？／遊ぶの？

今日の若者たちの職業へのスタンスは、「労働」と「遊び」（快楽）の間の曖昧さ、つまり労働をそのまま遊戯や快楽として楽しみたい、遊びのような仕事を選びたいとする奇妙な欲求にある。若年労働者の生活意識の中で、遊びと労働の区別がよくわからなくなっている。逆から見ると、すでに余暇や「遊び」にさえも、労働の苦役や単調さを感じるのかも知れない。私的な領域と公的な領域の区別が流動化し、境界線が不安定になった。

フランスでは、一九七〇年代から「労働における快楽」を強調する言説が増大したという。労働は「自己実現」の手段であり、それ自体として「よいもの」だ…と（ドンズロ）。資本は再びこの流動性と《不安》の空隙を見逃さない。

たとえば日本国内ではコンビニやファーストフード系企業は、若年労働者達の一見楽しげな〈仲間意識〉――職場をいわば学校的空間の延長へとつくり変える――をあえて強化し、低賃金という下部構造をみえなくしている。楽しい職場だから低賃金でも構わない、仕方ないという雰囲気を醸成して。快楽や仲間意識の皮膜にうっすらと包まれて見えなくなるもの、収奪されるものがあるのに…。

すると、「労働の苦役」と「遊びの楽しさ」、どちらを選ぶか、こんな対立軸にはとどまれない。その図式は何か大事なもの、当り前のように複雑なものを見えなくしている。両者を適当に折衷してもダメだ。その先で、働くことそれ自体が発熱する「楽しさ」、滋養あるくだものみたいな充溢、つまりそれ自体の「よさ」（自己価値化）のポテンシャルがあるはずで、これを身につけてゆくのでなければ。――これはまだ抽象論だ。そんな「よさ」を帯びた労働の形、別の働き方の可能性を具体的な形で求める。

☆弱者と敗者、あるいはそこからこぼれおちるもの

敗者＝弱者を遺棄する

社会的・経済的な「弱者」と「敗者」はやや異なるといわれる。「結果の平等」を前提とする社会では、「弱者」とは端的に謂れのない不当な不利益を被っている人を意味する。これに対し「機会の平等」を前提とする――機会の平等がすでにあるとされる――社会では、富を持たない者は、弱者ではなく、たんなる資本のゲームの「敗者」となる。ポジションがさらに転落するのだ。

すると人は自分を弱者と認め、自分の生き辛さを他人に主張できなくなる。認めれば自分の能力と存在を今以上に一層辱《はずかし》めるから。そのことで親きょうだいや恋人、友人をも辱めるから。ぎりぎりの吃音や躊躇いも等しく地ならしされ、その上で踏みつぶされる。この不鮮明だが強力な圧力と煩悶《はんもん》の中で、（絶対的弱者だけではなく）相対的に弱い人々のグレーな問題は社会から――抹殺でさえなく――消える。本当に自分から消えるのだ。自家中毒的に自分で自分の存在をじわじわと食い殺して。

問題は、敗者は放置し遺棄してよいという気分と空気が正しいのか、にある。

笹沼弘志は、権力行使には二種類あると述べる（「国家による安心と夢の簒奪」）――「われわれの生活に介入し、束縛する」権力としての「作為型」の権力と、「敢えて介入せず、無視し、放置する」権力としての「非作為型」の権力と。権力は今やこの二種類の権力を自在に使い分ける。

後者の権力は、一見「権力」の行使に見えない。直接手を下しはしないから。たとえば、ＤＶや性暴

力などの放置がそれだ――「民事不介入」などの名のもとに、私的領域で生じる暴力や生の危機を放置する。笹沼が強調するのは、特に福祉事務所が行使する非作為型の権力（意図的な不介入、無視、放置）だ。

　しかし、それ以上に問題なのが、福祉事務所の不介入、排除、生活保護申請の拒否である。（略）福祉行政と警察とを同列に扱うことはできないが、しかし、人々の生死を決める、文字通り生殺与奪の権力を有しているという点では、警察権力以上に絶大な権力を有しているのが、福祉事務所である。

社会には無数のプチブラックホールがある。真のむごたらしい暴力とは、弱い立場を関係的に強いられた弱者がその事実を自分で否認せねばならないと強圧する暴力、その事実への違和感自体を罪悪感や自傷的痛みへとたえず転化し魂に強いるタイプの暴力ではないか――その時《暴力》は暴力としての姿をこの世から消していく。何事もはじめから生じなかったように。

こぼれ落ちるものと平等

急いで注意を促す。
弱者／敗者をめぐる矛盾の摘出は、機会均等そのものの価値を否定しない。逆になる。
今やウィルス的に蔓延するネオリベラルな「機会の平等」肯定論は、現状ではすでに人生の中で一定の何かを勝ち取った相対的な自称勝ち組が、自分たちの現状を追認＝正当化するためのロジックにしかなっていない。機会均等が本当はありえない所でそれを前提にし、他人に押し付けることは、より弱い立場に置かれた人間を二重に——現実的な排除と、その排除という事実自体の排除——抑圧する。もちろん、既得権の批判と機会均等は、ぼくらが未来に目指すべき大切な平等の一つだ。でも、それ以上でもそれ以下でもない。その程度と考えるのが案外大事だ。

機会均等のひろがりを心から大事にだと信じるからこそ、機会均等を仮にほぼ実現した後のリベラルな世界にもなお残る《不平等》の暴力を、繊細に持続的に考え抜く。皮相な被害‐加害の転移の水準（弱い人がより弱い人を叩く）ばかりか、真性の自由主義者によるフェアな自由競争が不可避に生じさせる《暴力》の水準、この水準への対抗原理を探る。

ありふれているがゆえにラディカルな《平等》——生活の多元的＝偶発的な平等——のポテンシャルを推し進めるための原液（条件）として、このわかりにくい弱者／敗者の微差を執拗に考え抜く。その上で、機会均等と自由な競争・努力をざんこくなくらい推し進める。そんな二段構えがいいと考える。

☆フリーターの自己責任？

素朴な話だけれど、現状では、日本国内で女性が家族の生計を支えるのは、男性よりもずっと難しい。誰が見てもそれはわかる。女性たちがある年齢を超えると一様に「専業主婦」の座におさまる、そうならざるをえない、ここには構造的な要因が確かにある。

一九八六年四月施行の男女雇用機会均等法（一九九六年四月改正）や一九九一年の成立から漸進的に改正されてきた育児・介護休業法にもかかわらず、あるいはまさにそれゆえに、日本ではいったん仕事を失った女性が失業者（再び仕事を探す人）にさえならず、就職の可能性を諦め、専業主婦や家事手伝いになりたがる。ぼくはこの変らぬ事実の海流を前に、いつも歯嚙みをし身悶える。女性だけじゃない。日本人男性にもまた、他人に経済面で依存したい、無数の努力を重ねつつも無意識の本音では誰かにパラサイトしたいと望む専業主婦（夫）傾向がひそむ。《家族的なもの》への依存心や甘えは、確かに根深い。野口やよい『年収1／2時代の再就職』が論じるように、今や主婦／主夫のポジションでさえ、決して安泰ではないのに…。

つまり、何もかもを個人の努力の結果（自己責任）に帰するのも無理だ。いや、「社会・環境がすべて悪い」と責任転嫁したいのではない。おそらく個人の真の《責任》の所在は、社会構造・制度のラディカルな分析と平行して、はじめて公共的に問われうる――そう考えてみたい。

あらためて責任とはなにか

ある出来事の「原因」と「責任」は異なる。

落雷で人が死んだとする。雷はその死の原因だが、雷に「責任」があるとは言えない。またある若い男が他人を理由なく殺害したとする。この場合、この男の両親に息子の犯罪の責任があるか。子の犯罪の責任は親にある、と日本の世論ではしばしば責任追及される。でもここには、原因と責任の混同がある。その親は、子が殺人を犯す原因を作ったかも知れない。でも、犯罪の責任はそれを犯した本人にあり、親にはない。たとえば幼児期に虐待を受けた人間には成人後もトラウマが残ると言う。この場合幼児期に受けた暴力はトラウマの「原因」だが、これは事後的に振り返ったとき遡及的に見出されている。しかし、幼児期に親に殴られた事実がトラウマになる人間もいれば、ならない人間もいる。逆に言えば、どんな出来事に関しても因果上の「原因」は捏造しでっち上げられる（大澤真幸「〈自由〉の条件」、柄谷行人『倫理21』など）。

これは虐待の事実や責任を抹消することではない、むしろその〈暴力〉を根もとから焼きつくすための、悩ましくやりきれない認識上の条件と言える——事実、徹底的に追い詰められボロボロになった人ほど、その言葉は混乱し支離滅裂となる。簡単に論理の正しさに押しつぶされてしまう。君の言葉は、ロジカルではないよと。必要なのは、断裂／沈黙／途絶をはらんだ他者の《言葉》に耳をすませ、対話にならない対話を継続し、その過程を通して別種の〈責任〉のエキスを抽出してゆくことだ。いや、そのためには「他者の声をききとる」では弱い。文字どおり、五感を駆使し、全精力で他者の存在のふるえを感じとる生活実感が不可欠だ。

日本の場合「自己責任」という言葉は、経済改革研究会（平岩外四座長）の中間報告「規制緩和について」（一九九三年一一月八日）あたりを出自とし、「競争原理」「規制緩和」とペアで登場した。最初は、旧来の閉鎖的な企業体質を改善し市場原理を導入するという限られた意味だった。それがやがて社会のあらゆるエリアに拡大され、適用され始めた。問題は、他者への責任を執拗に問い詰め続ける「自己責任論」の怒号と世間圧力の中で、原因と責任の区別が溶解し、前者が絶えず後者へと囲い込まれてゆく過程にある。ちょっとしたミスや偶然の矛盾を含め、何もかもが「君の責任だ」「君が悪い」という過剰な倫理的自己責任論へと陥る。

「自己責任」を言う。するとそれは他人への責任の押し付け（お前が責任を取れ）になる。責任の押し付け合い、抗争状態が各地で群発的に燃え上がり連鎖する。すると、この抗争に勝利するのは立場的に「強い」ものとなる。他者を打ちすえる経済的・論争的な能力に優れた人々こそが「責任能力」の高い人間となる。

勝者のスパイラルがあるわけだ。

でも本当の人の〈責任〉とは、そのくらいのものだろうか？

「すべては自分の責任だ」という過度な倫理主義の言葉も、「すべては社会（誰か）の責任だ」という怨嗟と責任転嫁の言葉も、生活の継続が人に強いる〈苦痛〉そのもの、世に一つとして同じ形をとらない個々の肉や神経の苦痛というあるがままの矛盾を、その痙攣《けいれん》やよじれを見えなくする。そんなものは世に最初からありはしなかったかのように——法廷主義的な「証拠」の絶対化とは別に、ただあるものをただあるものとしてみとめないことこそが、この世の真に邪悪な暴力かもしれないのに！

すると、人の本当の《責任》とは、そんなあるがままの苦痛や矛盾の先で、尖端で、ぎりぎりの場で勝ち取られる何かではないか。むしろ「すべては自分の責任だ／すべては誰かの責任だ」という悪循環の渦を、世の具体的な関係＝文脈の乱気流に巻き込まれながら、一つひとつ切り裂き突破していく意志とアクションの中に——そして問いを他者恫喝や非難ではなく自分の足場の（迷走をはらんだ）地図作成的な検証＝分析へとスライドしていく転位のプロセスの中に——ほのかにひらめく何かではないか。

【たとえば…外側を通り過ぎていく何もかもがゆるせない、ゆるす気には全然なれない、それよりは死にたい、生きていたくない、もうわかった、しかしすべてがなお脳髄にくっきりと映る、ゆえに自ら死ぬことだけが最後に不可能な行為だ、生きのびねばならない、生き続けねば…でも…。

自分より弱い弱者たちへのあのむざんな《襲撃》は、刻々と積み重なるそれらの迷走と悪意の先に——自分が手を染めた汚辱や罪業を浄化し克服したいと願う真剣な、あまりに真剣な祈りゆえにこそ——生じる、もう一つの邪悪さとして始まる。だから致命的なのだ。ぼくらはこんな致命的な暴力が燃え上がる《現場》——第三者の傍観や生活上の余裕からくるヒューマニズムばかりか、「当事者」の痛々しい経験主義的全能感をも粉々にすりつぶす——を、そしてそれを人に強いるこの世の無限の苦痛と矛盾を、それ自体として叩けなければ駄目なのだ。】

I—7

☆フリーターは誰を収奪しているのか？

資本制とフリーター

日本型フリーターは、一九九〇年前後のバブル崩壊後にあらわれた一過的な、特殊な労働階層ではない。

歴史的に資本制というシステムが存在する場所には、広い意味での雑多なフリーター的労働層もまた必ず存在した。

なぜか。資本制は、経済効率を上げ剰余価値を稼ぐために、「世帯を支える男性労働者」だけではなく、そこから排除される流動的な労働層を不可欠とする。「経験から資本家一般が知っていることは、いつでも過剰人口があること、すなわち資本の当面の増殖欲求に比較して、過剰な人口があることである。その流れを成すものは、発育不完全な、短命な、急速に交代する、いわば未熟の内に摘み取られる、各世代の人間である。」（『資本論』１・３・８・５）

世界資本制とグローバル化の必然に従う限り、セミ・プロレタリア（ウォーラーステイン）的な労働階層は、今後も長期的に確実に増え続ける——あらゆる底辺労働層をその磁場と重力に巻き込み、当事者たちの愚痴と不満、対立と憎悪をまきちらしながら。

戦後日本でフリーター的労働階層が一定の集団を形成し始めたのは、さしあたり、資本制企業がポスト・フォーディズム段階へ移行しつつあった、一九六八年前後のことと考えられる（ポスト・フォーディズム…社会の成熟とともに、経済の中心を重工業などの二次産業から情報・サービス業へと移し、大量生産・大量消費ではなく、小規模かつフレキシブルに資本を回収しようとするシステム）。

この時期、日本型雇用からこぼれ落ちた膨大なフリーランス層が生み出され、大学（特に人文系）が不安定労働層の再生産工場と化し、これがのちの「フリーター」の原型となる。そして一九七三年のオイルショック以降、企業は「減量経営」を採用し、主婦・女性のパート労働者が一挙に増加する。彼女たちは必要に応じて自由に切り捨て可能な「景気の安全弁」とされた。そして主婦・中高年女性のみならず、若年層男女のパート・アルバイト化が一挙に進んだのは、一九九〇年代のバブル崩壊とデフレ不況のあとだ。

すると、八〇年代後半以後のフリーター問題とは、若年男性たちが、長らく女性パート労働者たち（そしてそれ以上に虐げられてきた人々）が長い間強いられてきた経済状況に自分たちが直面した時、今さら慌てて問題化したものにすぎないという面を含む（請負会社の社員たちは今やフリーター＝下請労働者を明確に「景気の安全弁」と捉える）。

現在のフリーター層の増加は、一面では、企業と国家が（国外ではなく）国内に安価でフレキシブルな労働力の潤沢な供給源をあらためて見出した、目的なくうろつく無数の犬ども（ぼくらだ！）を従順に飼いならしたということから来ている。総中流幻想を支える高度成長型正社員を、資本－国家が完全にはまかなえなくなった。高度成長期には安価な労働力を海外（アジア・第三世界）へ求め、国内と国外の間の価値の違い・差異から無尽蔵な利益を引き出していた日本の資本－国家が、いまでは内側へと内向し、安価な労働力を身近な国内に――しかも法整備を事前に整えているから、完璧に合法的に！――貪欲に求め始めた。

中高年女性だけではない、すべての労働者がＦ（Freeter）になる。その反動で、ますます安い外国市場へと企業は進出する。その状況の中で、障害者や外国人労働者、女性、子どもらはますます、なけなしの労働力をセミ・プロレタリア、労働力未満の労働力として安く買い叩かれていく。「その流れを成すものは、発育不完全な、短命な、急速に交代する、いわば未熟の内に摘み取られる、各世代の人間である。」

問いは、こんな境界の流動化、低い位置でのひらべったさの先に、それでもなおあらわれる――国外／国内に無数にある――断崖と〈格差〉（関係の絶対的な違い）の問題をいかに捉えるかにある。

フリーターが奪うもの

ぼくは、日本のフリーター層という「新たな」海岸線が茫洋と地表をのみこんだ結果、別の労働者たち（女性／野宿者／外国人労働者／障害者）の仕事や就労機会を収奪し駆逐した、押し流し漂流させた、そんな構造があったし今も現にあると推察する。

でもこれも単純な話とはやはり言えない。

フリーター労働階層が一九七〇年代以降増加した中高年のパート女性労働者たちとよく似た社会的位置にあり（介護労働分野は今や主婦層だけでなく引退した年金生活者や若年フリーター層を明確にターゲットとする）、かつ一九九〇年代以降のデフレ不況と長期停滞に伴い、彼女たちのポジションをなかば収奪するように形成された、その可能性は小骨のように喉を傷つけ続けるという疑念は先に述べた。女性労働者の人生を強いる苦痛や惑乱は、フリーターをめぐる諸問題のやはり太い骨格ではないか、と（フリーター／野宿者の構造的関係に関してはあとで述べる）。

若年フリーター階層の増大が、中高年女性労働者や野宿者や障害者や外国人労働者や在日・アイヌの人々や子どもたち…をさらなる苦境に追い込んでいる（たぶん／絶対に）。その事実を考える時、現実の側がぼくらに強いる猥雑さ・複雑さを、わかりやすく捉えるのは無理だ（もちろん、その一つひとつの関係＝暴力は個別に、具体的に問い直される他にない）。

日本型フリーター階層の問題を考える時、ぼくらは同時に、中高年女性労働者や野宿者や障害者や外国人労働者や在日・アイヌ・沖縄の人々や子どもたちの労働の問題を並行して考えるべきだ。

長い目でみれば、その方が自分たちのために、魂の練磨と陶冶《とうや》に絶対になる。

さもなければ、「自分たちだけが不幸だ」という誇大な被害者意識に、ぼくたちは打ち克てない。打ち克てないことで、より弱いポジションに置かれた他者たちの存在を排除し駆逐する。そんな結果を構造的に——無意識に——生じさせる。事実、一つのマイノリティ運動に没入する人が、他のマイノリティ的存在や運動に対し極端に冷淡で盲目だったりするのはよくある。(★16) よくあるだけではない。一つの明視をとことん貫くからこそ、そんなリミットへ人は行き当たる。被害と加害、弱者と強者の位置関係も決して固定されない。

☆先進国にとって貧困とは何か？

しかし、先進国内のアルバイト的労働層の生の問題を、経済面からだけでわかろうとすると、ぼくらはきっと根本的に認識を誤る。大切な何かをつかみ損ねる。

潜在能力

経済学者のアマルティア・センは、人々を多様な形で収奪し拘束する《貧しさ》を、金銭や所得の足りなさだけではなく、多層的な潜在能力 capability の欠如――によって考え抜こうと試みた（『不平等の再検討　潜在能力と自由』）。

潜在能力とは何か？

センの定義によると、「潜在能力」とは、どんな生活を自力で選択できるか、という個人の自由の度合を反映した機能（適切な栄養・健康状態・幸福・自尊心・社会参加など）の集合を意味する。

たとえ多くの所得を得ていても、高齢・障害・病気・妊娠中などの人は、潜在能力が相対的に低いと見なされる。かれらには、ライフコースを独力で選び取りうる可能性、潜在的なチャンスが低いからだ。「結果」や「機会」だけを見ると、この水準がつかめない。ひとの潜在能力は、明らかな成果や目に見える衣装をまとうとは限らない。事実、身体・経済的苦痛は社会的に他人から認知・共感されやすく、鬱病やＰＴＳＤなどを含む精神的苦痛は理解されにくい（ように感じる）。

たとえばネオリベラルな圧力が高まってゆく今後、さらにクリティカルになるのは、公的に「障害者」の認定がおりない――しかしそれに限りなく近い――膨大な各種の軽度（？）知的障害者、制度のスキマにある「谷間の障害者」、それ自体が微妙な発達障害（高機能自閉症、アスペルガー症候群、学習障害、ＡＤＨＤ）などの人々、いやさらに正確にいえば、それらの「枠」からも微妙にズレ続けていく人々の人生かも知れない。「自立」は極度に困難だが「福祉対象」にもならない。そもそも日本は先進国と比べ障害者の認定自体がおりにくく、生活に支障を来すだけの障害者の数が「少ない」ことにされているのだが。

能力主義／どうしようもなさ／存在の権利

世間とメディアによる「催眠術」を拒み、自分の耳で、五感で、声なき声に、目の前のありふれた葛藤と苦悶の声に耳をすませるには、どうすればいいんだろう？

社会保障制度だけではない。各人のありきたりの生活のあり方に関わる。結果／機会／能力の欠如、だけではない。潜在能力そのものの枯渇、（ありふれているがゆえに見えにくい）どうしようもなさということ…。どこかでこの「完全な真空」の謎と矛盾の問題が根もとから考えられていい。

ぼくは、どんなに時間が経過し経験を重ねても、資本制社会が強いるルールと能力規準には絶対に馴染めない人々、すべての継続的努力や訓練にもかかわらず自力では最低限の生存の基準を満たせない人々、社会的な底辺やアンダークラスへ転落せざるを得ない人々、そんな人々が必ずいる、どんなに社会が成熟しても（メタ・ユートピア的なよりよい地平をひらいたとしても）、そういう残滓の人々が必ず燃え残り続ける、制度や常識を部分的に変革した程度ではこの根っこの問題はしぶとく消えない、という前提を取る（もちろんこれは本来は生活保護法のミニマムな前提であり理念なのだが、それが現実には貫かれない）。

日々を生きのびる努力と更新だけでぼろぼろの人間、自己批判する余裕すら与えられていない人間、そういう人間は必ずどこにでもいると自分の生存に賭けて確信する。そしてその上で、あらゆる人間の《存在権》――存在し続けているという無条件の権利――が平等かつ絶対的に確保されていいとも考える（さらにその上で、自分から「消える」権利を純度一〇〇％で認めたいとも考える）。

『「ひきこもり」だった僕から』の上山和樹はこう書く。

それでわかった。フィクションもノンフィクションも理論書も、みんな「生きなければならない」前提で書かれている。僕はその脅迫的（threatening）な無言の圧力を拒絶していたのではないか。

（Freezing Point 2004. 10. 2）

これも厄介なリスクをおかしていえば、ある種の「どうしようもない」ひとびとについても同じことが述べうるだろうか？　広い意味では、「貧しさ」の海底と暗黒を凍えて漂流し続ける存在があると？

センはこう書く。

実際、所得の欠乏と潜在能力の欠如はかなり結びついていることが多い。まさにそれゆえに、前者に注意を払えば後者のこともなんとなくわかるという催眠術にかかることを避けねばならないのである。（略）貧困はたんに所得が低いということではなく、基本的な潜在能力の欠如である、とみなすことには十分な理由がある。（略）このように視点を変えることが重要なのは、**発展途上国**だけでなく、もっと**豊かな**社会における貧困についても、これまでと違った――そしてもっと直接的に意味のある——見方をさせてくれるからである。ヨーロッパにおける大量失業（多くの主要なヨーロッパ諸国では一〇から一二％）の存在は、所得分布統計には十分に反映されていない欠乏状態に関係している。こうした欠乏状態は、大きく取り上げられないことが多い。（略）死亡と所得の関係という観点からさえも、非常に豊かな国の特定のグループの欠乏状態が、いわゆる第三世界における欠乏状態と比較できる程であるのは驚くべきことだ。

（『自由と経済開発』一九〜二一頁、傍点引用者）

くりかえす。

貧しさは、グラデーションを、濃淡や多様さをふくむ。そのことは、原則的には、先進国と第三世界の間の経済的・文化的な格差と収奪の問題を低く見ることとは微妙に違う（と信ずる）。むしろ、真逆とさえ言える倫理感覚の萌芽＝発火点がある。《貧しさ》もまた、当事者の多元的生活の継続に即し、原点から何度でも再発見＝再創出される。

☆遠い他者と近い他者、あるいはただの他者

たとえば、各人が悪意ではなく各々の善意や良心のもとに自由にふるまったとしても、いやまさにそれゆえに、社会のぜんたいとしてはなお明確な「悲惨」は生じうる。合理的な行動の集まりが、反対に非合理的な結果を、残虐や酸鼻、愚劣やむざんさを押し広げる。これは心から哀しいがどこにでもありうる。まったく他人事なんかではない。無菌で安全な第三者で自分がいる（いられる）、という清潔な

錯覚こそが、〈暴力〉をむしろとめどなく再生産し遍《あまね》く充溢させる。
先進国における拒食症や過食症の問題と第三世界の飢餓の問題とは、ねじれた形で相補的な構造をなしている。確かにたとえば、『子どもを貪り食う世界』『グローバル経済と現代奴隷制』『働く子どもたちへのまなざし』、こんな種類の本をひもとくと、日本のフリーター問題なんてぺらぺらの紙屑に見える――フリーター的生存の苦悩と無残さには一抹の正しさも含まれないと。(★17)
でもぼくらは、このねじれと「滑稽さ」を高見から両断するのではなく、そのものとして叩けなければ意味がない。またその先でそれを何か肯定的なものへ転じられないなら、ぼくらの必死な言葉=叫び声もなけなしのアクションも、すべて等しく無駄なのだ。もしもそんな滑稽な陰惨さ、ひさんなどうしようもなさを、第三世界から富や生活財を構造的に収奪し続ける「日本」の内部で生きるぼくらが――環境や階層や個人の能力の違いや努力の有無など、いろいろな相対的な条件を考え尽くしても――空気みたいに絶対に免れないならば(実際、先のブリセやベイルズの著作はその厄介な「ねじれ」をも立論に繰り込み、その先へ認識を推しひらく)。

豊かさと貧しさを串刺しに捉える

〈豊かさ〉と〈貧しさ〉を串刺しに捉え、連結するガラス玉のような一つの星座として見ることができないか。

一見、不自由なく飽食に見えても日本人の多くの食生活が真に「豊か」ではない。少なくともそれを「豊か」と呼ぶことには生理的な異和と躊躇《ためら》いが残る。栄養価の低い、偏《かたよ》ったジャンクフードを生活習慣的に食べ続ける、そんな滑稽なむざんさはある。アメリカでは、所得の裕福な層ではなく、低所得層のほうが肥満の割合が多いらしい（グレッグ・クライツァー『デブの帝国――いかにしてアメリカは肥満大国となったのか』、原著二〇〇三年）。廉価なファーストフードや、犯罪の横行する貧困環境から来る慢性的運動不足などのためだ。問いは人々のライフスタイルぜんたいに関わる。

それさえも先進国内の特権だし、不当な問題の水増しだと両断はできる。

だとしても、本当にそんなにシンプルな話か。本当にこれが人の生きるべき、まっとうな生なのか。環境としてはフォアグラ的でさえなくブロイラーの亜種なのか。そんな素朴な疑いは燃え切らずに残り、悪臭を放ち燻《くす》ぶる。世界が顕《あら》わにする貧しさの質／多元性／強度を考え抜く「別の」想像力を、生活の存続と迷走を重ねつつぼくらは血肉化しよう――潜在能力の完璧な枯渇（どうしようもなさ）が、遠方に近隣に、ありふれたこの世にある事実の凄《すご》さに常時苦しめられながら（ぼくが最後に真偽・善悪・美醜等の価値の先で信じる他ないのは、生活ぜんたいが目の前の他者に強いる迷走と余裕のなさ、当人には余裕があるとも余裕がないともすでにわからない余裕のなさ、そのひたすら連続する矛盾と混迷、他者の正義に対し反撃も反論も沈黙も赦されない齟齬みと失語の強制、つまり当人自身には――どうにもできない違和感やズレの感覚として以外には――最後までうまく気付けやしないその人の固有の真剣さだけみたいだ）。

格差と分断を生み続ける世界構造と《他者》

今の日本国内での生活は、第三世界に住む人たちが強いられた生活よりずっと経済的優位にある。しかも第三世界の悲惨さと大量死は、「先進国」日本が深部で加担する《世界システム》から間違いなく湧き上り、醸成されている。そこには「債権関係」という、経済交換を通した新たな「奴隷制」がある[★18]（ケビン・ベイルズ『グローバル経済と現代奴隷制』）。

この認識の海面は、もちろん、絶対に上回らないといけない（というか、この水準の「正しさ」の攻防戦にぼくらは永遠に留まり続けるしかないのだが）。でもそれと同時に、状況が強いる複数のねじれと共に考えなければいけない「別の」暗礁群がある。

アメリカのアンダークラスや日本の野宿者層など、第一世界の都市部や中心にもさまざまな形で第三世界的空間が出現している。逆に、従来「第三世界」とくくられる国々にも、OPEC諸国やアジアの新興工業経済地域（NIES）など、経済開発の進んだ第一世界的空間が多彩な形で誕生している。「第三世界の国内化[★19]」や「情報資本主義のブラックホール」＝「第四世界」の出現と言われる。

従来の第一世界／第二世界／第三世界の境界は（一定の割合で）混合し、入り乱れ、相互に海岸線が浸潤する。そんな「別の」現実と貧血が、間違いなくある。たとえばクレール・ブリセは、「子供の命が大事」という国際的スローガンにもかかわらず、なお世界中に横行する児童労働／児童買春／子供兵士の存在をえぐり出し、言い切る。「子供たちがこれほど尊重されない時代はかつてなかった」と（『子どもを貪り食う世界』）。

ユニセフとILO（国際労働機関）の概算では、児童労働者の数は一九九六年の時点で二億五〇〇〇万人を超え、子供兵士の数は一九八八年で二〇万人、九八年で三〇万人と言われ、売買春に従事する子供達はカウント不可能なくらいだ。しかも一般の「思い込み」＝催眠術とは逆に、先進国内にも多元的な形で「貪り食われる」被捕食者の子供達が無数にいる。ブリセはそう強調する。あるいはケビン・ベイルズは、詳細な統計と調査の下に言い放つ。世界中に奴隷制はなお存在する、第三世界のみならず先進各国にも存在する、その数はかたく見積もって二七〇〇万人であり、「奴隷制は急上昇しつつあるビジネス」だと（『グローバル経済と現代奴隷制』）。

最後に残る食う／食われる関係

けれどもその先で、なお、「先進国」や「第三世界」という大雑把なくくりではなく、もっと繊細で物深い構造の次元《ディメンション》で生じる問いとして、経済面でも文化面でも《他者を貪り食って肥え太ったひと》と《他者に貪り食われて痩せ衰えたひと》の、その絶対的なポジションの違い、深淵《クレヴァス》の問題がぼくらの手元に残る。

第一世界／第二世界／第三世界という序列と認識枠では、世界構造上の〈相互的な移動の自由を欠く〉格差と分断を継続的に生み出してしまう何か＝モーターを、動力源を、微妙に捉え損ねる。ぼくらの指先は、先進国／第三世界をめぐる議論と少しズレる。「日本全体」や「先進国」という、自虐的な仮想敵をわかりやすく捏造しない——その上で、国民国家をユニットとする歴史的な責任の問いは絶対に必要だ。でもそれを何もかもを説明する原理とも考えない。たとえば国内にも無数に、「見えない」黒点として多元的に存在する貧困層の現実〈経済面だけじゃなく、権利面や潜在能力面で！〉を正確に捉え切れない。

問いは、そんな《世界構造》を猛り狂ったように駆動させ続ける何かを——グローバリズムや資本制さえもが実はその一部でしかない、何か巨大な力と悪意——捕捉し、全精力をもって叩きまくり、その突進を他の・別の方向へ分岐させ、変えることではないか。

☆〈資本－国家－国民〉という怪物

「〈サラリーマンのポケットに入る貨幣〉と〈企業の帳尻の中に登記される貨幣〉とは、同じ貨幣ではない」
「企業の価値と、賃金労働者の労働力の価値との間には、いかなる共通の尺度も存在しない」
（ドゥルーズ＆ガタリ『アンチ・オイディプス』）

貧富の拡大と二つの貨幣

国連開発計画（ＵＮＤＰ）の『人間開発報告書（Human Development Report）――グローバリゼーションと人間開発』（一九九九年版）によれば、ニューエコノミー体制のもと、今や所得と生活水準の世界的な不平等はグロテスクに膨張し、「最も豊かな国々にすむ世界人口の五分の一と、最も貧しい国々の五分の一の人々の所得の差は、六〇年の三〇対一から、九〇年には六〇対一に、九七年には七四対一に拡大した」、「世界の億万長者の中で最富裕者三人の資産は、四八ヶ国の後発開発途上国のすべてとそこに住む六億人の全ＧＮＰ合計よりも多い」。

世界銀行やＩＭＦ（国際通貨基金）やＷＴＯ（世界貿易機関）などの国際機関も、すでに多国籍企業の利益を守護する傭兵・ガーディアンになり果てた。実際これらの機関は、アメリカ財務省の傀儡《かいらい》と言われる。

たとえば悪名高きＩＭＦの《構造調整プログラム》――一九八〇年代、ＩＭＦは第三世界の債権回収に乗り出し、厳しい融資条件を課し、新たな借金を強制し、第三世界の社会保障費のカット・公務員の削減・公共料金の値上げと民営化・労働条件のフレキシブル化などを強引に推し進めた――を進めるための合意は、「ワシントン・コンセンサス」とも呼ばれる。合意すればより我を通せる連中の間だけでの合意、合意不可能な複数の他者を排し、その上致命的な何かを押し付けた上での合意なのだ（契約論のアポリア）。

フリーターはあらゆるものから見捨てられる

第三世界に限られない。

ぼくらの日々の労働の対価・給与と、途方もない投資的なマネーの流動はあまりにも差があり、ほとんど同じお金とは感じられない。日々の実感の問題だ。二種類の貨幣、二種類の労働がある（としか思えない）。もちろん投げやりになるのは間違いだ。ただ、この《断絶》の真空を体感しつつ日々働き続けることはできる。

二一世紀型グローバリゼーションの帝国的な進行と流散の結果、二〇世紀的な国民国家の力は水で薄められ弱まったとは言えない。

むしろグローバルな資本の浸蝕と共に、国家もその国民への統制権力を強化している。近代以降の歴史の中では、①資本（市場、企業）、②共同体（世間、家族、血縁）、③国家（行政）、という三つのモメントが、相互に補完し補強しあって作動してきた。たとえば批評家の柄谷行人は、これらの要素が絡まりあった「三位一体」を「資本制＝ネーション＝ステート」と呼ぶ（『トランスクリティーク』）。そこでは交換＝コミュニケーションの三つの原理が、それぞれ補完しあっている。

また、スウェーデンのエスピン＝アンデルセンは、福祉資本主義は、これら三つの要素のコンビネーションから成り、かつどのモメントを特化するかによって、①自由主義的な体制、②保守主義的な体制、③社会民主主義的な体制へとわかれていく、と解析する（『福祉資本主義の三つの世界』）。

労働者＝主体の生（生活）を安定させるのも、これらの三つのモメントの効率的な組み合わせ、コンビネーションと言える。逆に言えば、日本型のフリーター的なフレキシブルな労働力層とは、これらの三つの要素による保護から見捨てられつつある労働力――今は完全な形で排斥はされないが次第に便利に使い捨てられつつある労働力――なのかも知れない。家族的なものの安全ネットから暗渠《あんきょ》へと放り出された時、フリーターは自分を強いるほんとうの綱渡り的現実に、眩暈と共にぶち当たるだろう。

国民＝大衆は無垢な被害者では当然ない。国民の多くがグローバルな怪物の跋扈《ばっこ》を自分から（無意識であれ）望み、草の根的に支持してゆく光景が見られる。騙された面があったとしても、「騙されることを無意識に望んだ」面が必ずある。その事実に（そしてその「事実を忘れた事実」を忘れたことに）目をつむったままでいるわけにはいかない。上からの抑圧型の権力と、下からの草の根的な権力が合流する。生活者の多くが、曖昧だがそれゆえに強力に肢体に粘着する生活不安に魂をつかまれた。生活の安心を、安楽を、あらためて何より慈《いつく》しまれるべきものと望み始めた。

その結果、不安の原因になるもの、生活秩序を乱す（と予測される）もの、異物やノイズを嫌忌し、とことん排除し粛清する。いや、排除に加担し続けている事実さえ見ないことにする。自分たちがある程度の生活、そこそこの生活を守れればそれでいい、この世で一番大事なのはありふれた幸福、当り前の恋愛や家族愛だ、あとは何も知らないし知りたくない、国か誰かが何とかしてくれると。

ではその「見捨てられつつある」といういうたんなる否定的条件を、ポジティヴな抵抗と攻撃の槍へと練成し、「資本‐国家‐国民」という三位一体の怪物に対する対抗原理へと、いかに鍛えあげるか。なけなしのわが手が、腐土の底に溺れながらつかむ現実批判の武器、たたかいへの根底的な転回をなす「見えない銃」＝生活原理はどこにあるのか。

☆フリーターの数は今後も増大する（だろう）

今後、日本国内の景気が再びバブル的に好況化することはない。低い水準で上下し、ひたすら長期停滞し続ける。日本が一層好戦化し、後方支援に留まらずどこかの外国を実際に植民地化し、現地の超低価格労働力を大量に確保するなどの現状以下のおぞましい事態にでもならない限り…。

次の予測を前提に置く。ごまかさない。

パート・アルバイト的な労働者の絶対数は今後も確実に増加し続ける。放置して自動的に減ることはない。当事者以外の誰かが何とかしてくれるはずもない…と。状況が重層決定的な偶然の中でどちらへ転ぶにせよ、そう考えた方がいい。

UFJ総合研究所の丸山俊は、データを駆使してシミュレートし、フリーター人口は二〇二〇年には若者の三人に一人に、二〇五〇年には若者の二人に一人になると予測する（現時点では五人に一人）。二人に一人がフリーター？　近未来にやってくるかも知れないこんな社会の形は、ぼくらの月並な想像力を完全に遮断する絶縁体と化している。

では、この「条件」の下でどう生きるか。どんなあたり前の社会を構想できるのか。それ以前に、この条件が本当に直ちによくないのか。それを「よくない」とする何かがあるのではないか。

☆フリーターは野宿生活者化する？

再び国内にひろがる血なまぐさい闘技場《アリーナ》へと揺れ戻る。
野宿生活者／フリーター／パラサイト・シングル／不登校／ひきこもり／ニート…。これら今日の世論とメディアがなかば差別語的に捉える言葉の間には、一定のゆるやかなツナガリが見られる。というより、それらは、あたかも同じ《現実》のありようを指し示すための別種の言葉に過ぎないかのようだ。

一例をみよう。フリーターと野宿生活者が置かれる社会的なポジションは、思いのほか近いと考えた方がよい。大阪・釜ヶ崎在住の野宿者支援者・生田武志は、現在のフリーター層の一定部分が近い将来、野宿生活者化するかもしれない、と予測する（「フリーターは野宿生活化する？」「フリーターに未来はない？」）。現在日本の雇用環境は「正社員／契約社員／アルバイト／日雇い労働」と階層化され、下位から次第にその労働環境は苛酷化している。

たとえば、現在進行形の日雇労働者の総失業、総野宿生活化（そして一部の生活保護化）の最大の原因は、高齢化し、相対的に賃金が上昇してきた日雇労働者を、景気後退にあわせて資本が一気に就労から切り捨てたためである。一言で言えば使い捨てである。資本は、景気の安全弁としての下請け構造の末端を、日雇労働から別の不安定就労形態、たとえば派遣労働者や相対的に若年で低賃金なフリーター層などへと移動しようとしている（将来、フリーター層のかなりの部分は野宿生活化するのではないか？）。

（生田武志「シモーヌ・ヴェイユのために」）

フリーターはなぜ野宿生活に転落しないか

低所得のフリーターが現在のところ、住居／定職のない野宿生活者へと転落せずにいられるのは、①若年層であり「若さ」を売りにできること、②相対的に裕福な親元に寄生し、家賃・食費・生活費などの負担を軽減し免れていることなどのとりあえずの理由による。

日本の場合、個人の社会保障は行政主導ではなく、主に（大）企業主導と家族間の互酬的安全ネットで支えられる。日本はだから時に「福祉国家」ではなく「福祉社会」と言われる。そして企業から見放された人は、家族のもとへ戻ってくる。日本型の福祉では、最後に残る安全ネットは「家族」なのだ。

実際、日本のフリーターの多くは、親と同居するか親から仕送りを受けている。二〇〇二年のデータでは、未婚男女のパート・アルバイト者で親と同居する人の割合は、男性が八〇・一パーセント、女性が八三・〇パーセントだという（国立社会保障・人口問題研究所「第一二回出生動向基本調査」）。同居型のフリーターはパラサイト・シングルとカウントされる。ひとり暮らしを始めた後も、あるいは結婚後も仕送りを受けるパラサイトの存在も見逃せない。所得の低い若者は、欧米（の多く）では容赦なくホームレスになるが日本ではならない。成人しても親が面倒を見続けるからだ。

これはしかし、生田武志も指摘するように、「どちらがいいのか」は微妙だ。日本の場合、若年層の貧困化の問題は、野宿者化ではなく膨大な「家族の病理」「空洞化」として、家庭の内側に閉じ込められる傾向がある。パラサイト・シングル、親殺しと子殺し、家庭内暴力、新興宗教、共依存、ひきこもり、ニート、未婚化など。

しかし、時間の経過と共に、両親の世代も高齢化し、パラサイトの母体はなくなる。さらに、本人の高齢化が進めば、再就職は厳しくなっていく。「日本型の福祉では最後に残る安全ネットは家族だ」ということは、この最後の「家族」という外皮がはぎとられた時、フリーター問題の硬い種子が露出するということだ――一生を非正規雇用者的に働き、家族と生き続ける膨大な匿名的な人々の問題が。逆にいえば、この「家族」という磐石な（と思われた）岩盤が空洞化した時、ぼくらはフィクショナルな〈家族〉のリアリティを求めてしまう。

生田のWEBにある無記名の文章「野宿者問題の授業を学校で行っています」にはこうある。

現在、野宿者数は増加する一方で、解決の兆しはあまりありません。現在の日本政府の経済政策の結果、過去に例のない大量の失業者が発生し、そのかなりの部分が野宿生活化するという可能性は現実的にあります。いわゆる先進国のたどった先例と、日本のこの問題への対応の極端な遅れを考えた場合、野宿者の数は一〇年後、二〇年後に若年層、中年層も含めて数十万人程度に増えていくことも予想されます（たとえば、日本が経済的モデルにしているアメリカの場合、二〇〇〇年にホームレスを経験した人数は三五〇万人、そのうち子どもが一三五万人とされ、イギリス・フランスでもホームレス数が四〇万人以上とされています）。事実として「多業種日雇労働者」であるフリーターが激増している現在、若者にとっても野宿者問題が人ごとではなくなる状況が近づいていると言えます。

親が亡くなればフリーターやひきこもりもちゃんと働かざるを得ない、奴らは放っておけばいいというよく見る放任と楽天（?）の予測は、完璧に間違いだ。パラサイトしうる経済条件――親だけでなく、結婚相手やパートナーや親戚など――がなくなれば、あなたたち＝ぼくたちの一定数を近未来に待ち受けるのは、シンプルに、餓死／野宿生活／自殺（心中）という転落とジェットコースターではないか。

実際近年、野宿者は、今までの四大寄場（大阪の釜ヶ崎／東京の山谷／横浜の寿町／名古屋の笹島）だけではなく、各地の郊外へ溢れ、中高年男性のみならず女性や家族単位での野宿者も増えている。両親の死後、そのまま自宅で餓死するひきこもり者なども散見される（たとえば、『「ひきこもり」だった僕から』の上山和樹が注目する、宮城県で三二歳と二六歳の兄弟が二〇〇一年六月ごろ相次いで衰弱死した事件、など[Freezing Point 2003. 10. 16]）。

あるいは是枝裕和監督の映画『誰も知らない』などで描かれた日本のストリートチルドレン的人生（母親に捨てられた幼いきょうだいには風雨をしのぐ家はあるが、それしかなく、水道もガスも電気も料金滞納ですべて止められている）。卑近なブラックホールのように「都市に埋れたる人生」がある――ぼくも現在の仕事柄、戸籍にも未登録のまま座敷牢的に生きてきた人や、部屋の隅々まで強迫的にびっしり積み上げられたゴミの山の中で餓死寸前で発見された障害者などを見るのだけれど。

我々が空想で描いて見る世界よりも、隠れた現実の方が遙かに物深い。また我々をして考えしめる。

（柳田國男『山の人生』）

ぼくらはぼくら自身の（そして「ぼくら」が保守する生活上の既得権ゆえに、ぼくらよりはるかに過酷な生活ゾーンで生きる他ない人々の）三〇年後の人生を想像しリアルに考えているか。

フリーターと野宿者、その攻防戦

野宿者層とフリーター層が触れあう攻防線では、何が生じているのだろう？

若年層が野宿者を襲撃する「野宿者襲撃」の問題に関しては生田武志の「野宿者襲撃論」（前半部は初出『エフェメーレ』一号、http://www1.odn.ne.jp/~cex38710/attack1.htm に公開）があり、これを皆さんが熟読して下さればと望むけれど、両者の社会的な「攻防」の問題は、目に映る物理的・政治的な暴力のフェーズだけに限られない。

労働をめぐるパイ・椅子の奪い合いという構造のフェーズにも関わる。

二〇〇三年の冬に、ぼくが生田氏に現地を案内してもらいながら、西成の労働福祉センターを訪ねた時、センターの職員の人からこんな話を聞いた——「近年は若者の働き手がいくらでも補充可能になったこともあって、特に建設業などの分野で釜ヶ崎の日雇の仕事が大幅に減少した」と。

この話をどう思いますか？　と尋ねると生田氏は、あるメーリング・リストでこう答えてくれた。

フリーターの激増によって日雇労働者の仕事が奪われたかどうかは、実証が難しいところがありますが、でも多分その通りでしょう。

フリーターの職種のうちでは、（日雇労働の大多数を占める）建設・土木労働の比率はかなり少ないですが、それでも三〇〇万フリーターのうち三％が建設・土木労働に流れたとすれば、数の上ではそれだけで日本全国の日雇労働者をすべてフリーターに入れ替えるに十分です。

ぼくの直接知っている例では、イベント関連のテントの設営や撤去を請け負っている会社が、従来使っていた日雇労働者をすべて切って、派遣労働者に転換しました。日雇労働者の場合、「一日使って一万数千円」という賃金を支払わなければなりませんが、派遣労働の場合は、たとえば「朝一〇時から午後二時」「四時から八時まで」という時間指定ができる上、時間あたりの単価も日雇労働者と比べれば格安です。どう考えてもこっちの方が会社にとってお得です。こうした例はおそらく無数にあるでしょう。

従来、寄せ場の日雇労働者は組合主導の春闘によって年々一日の単価を上げ、最高時には最低単価一万三五〇〇円にまでできたのですが、この単価では今やフリーター層や派遣労働者に太刀打ちできないことは明らかです。もっとも、不況が続く現在、日雇労働者の単価は現在九〇〇〇円以下にまで落ち込んでしまっています。それでも、時間給で言えば一〇〇〇円ぐらいになります（とはいえ、それらの仕事を探すために、多くの日雇労働者は朝の四時頃から労働センターに集まるのですから、実質的な拘束時間はずっと長くなります）。

《構造》をとらえる

細心の注意と共に、継続的に冷酷に見つめたいのは、労働環境の底辺や周辺部に置かれた弱者がそれゆえに更なる弱者を排除し駆逐する——時に弱者が強者へ、一つの暴力の被害者が「別の」暴力の加害者へ、重層的・偶然的に転じる——その《構造》のぜんたいとなる。

この自滅的な泥沼の消耗戦の「理由」は、何だろう？　なぜぼくらは互いに互いの足を引っぱりあうしかないのか？

野宿生活者／フリーター／パラサイト・シングル／働く主婦（夫）／ひきこもり／ニート…は、国際的な転形期にあるニューエコノミー型の労働環境から排出され産み落とされた、「非正規」の底辺労働力の多様な現れ方（の一部）に見える。もちろん、たとえば「フリーター」「ニート」云々というカテゴリー＝定義それ自体が、支配したがる管理者たちの手で都合よく、統計データを便利に取るために捏造されたものかも知れないが、その大地として、それらの「定義」＝言葉を生み出しまたその意味を常に断絶／地殻変動／転位させていくマグマ、流動的で灼熱した現実がある。その矛盾と暴力に満ちた《現場》からでないと、何も始められない。

☆パラサイトと世代批判

先にも述べたが、なぜ日本のフリーター層は、基本的に低所得なのに今は野宿者化しないでいられるのか？

実際世界中で、特に欧米圏では、それらの人々は（女性や子供も含め）容赦なく野宿生活へ陥っている。

野宿者の人数の把握に関しては、調査方法でバラつきがあり議論も多い。その上で述べると、西欧圏（特に英米）で、ここ数年、野宿者の急激な増加が報告される。西ヨーロッパでは二〇〇二年から三年の冬季に（最低の見積もりで）三〇〇万人以上の野宿者が確認された。特に増加の大きな層はホームレス・ファミリーで、離婚による母子家庭のホームレス化が著しい。

アメリカでは、「二〇〇〇年の一年間でホームレスを経験した人の数」は、実に三五〇万人近くとされる（!）。

イギリスの野宿者数は約八〇万人（カウントの仕方は「ある夜に野宿者でいる人数の平均」）、フランスでもほぼ同数。たとえば二〇〇二年一〇月のBBCの記事によれば、スコットランドでは毎年一万六〇〇〇人の若者が二五歳前にホームレスになる。毎年約六万人のティーンエイジャーが学校を離れ、その多くが家を出るためだ。女性の野宿者化、家族単位の野宿生活化、ストリートチルドレンの増加も目立つ。ニューヨークでは毎日三万八〇〇〇人がシェルターで夜を過ごす。そのうち四四％が「子ども」で、三五％が「大人の家族」。

さらに「TIME europe」二〇〇三年二月八日のモスクワ市のホームレス問題に関する記事によれば、モスクワ市では控えめに見て一〇万人がホームレスで、二〇〇二年一〇月一日から翌年一月までに九三〇人が凍死した（!）とされる。

日本の場合、二〇〇三年の厚生労働省の調査では野宿者数は二万五〇〇〇人程とされる。ただこれは調査方法がとても杜撰《ずさん》で、あまり参考にならないそうだ（以上、生田武志「野宿者襲撃論」他の紹介を参照）。

家族互助／パラサイト

日本では今のところ、「家族」による相互扶助の原則が経済的セーフティネットとして働いている。親から子への住居・生活財・金銭などの無条件の譲渡＝生前贈与。

他の先進国と比べても、野宿者のケタが小さい。エスピン＝アンデルセンなどによると、先進国の中では日本はイタリアやポルトガルなどと同じく、「家族」の相互扶助の原理が強く残る。特に地域型の相互扶助の強い沖縄には（失業者数は本土の二倍なのに）野宿者が少ない。「その意味で、日本では若年の野宿者はイギリスやアメリカほどには増加しないかもしれない」――と生田は予測している。実際にどうなるかはわからないし、仮に後者だとしても、それが決してただちに「よい」と言えるわけではない。

逆に言えば、日本では行政や市場によるセーフティネット・公的生活保障が脆弱で希薄なため、「家族」のつながりにしか頼れないとも言える（家族含みの福祉）。でも、単純に考えすぎるといろいろな大切なもの、譲れないものを見損なう。厄介な構造上の循環がある。

山田昌弘は、「学卒後もなお、親と同居し、基礎的生活条件を親に依存している未婚者」を「パラサイト・シングル」と名付け、二〇歳から三四歳で、男女あわせて一〇〇〇万人にのぼると推定した（『パラサイト・シングルの時代』）。フリーターの多くはパラサイト状態にあると考えられる。別居型パラサイト、同棲＝結婚型パラサイトなども少なからず存在するだろう。（ぼくの考える《フリーター》的生存とは、あらゆるパラサイト条件の梯子を取り外したばかりか、その状態で他者と共に生きねばならない時にこそむき出しになるようなものだ）。

――というより、親元へ依存しうるという経済的な基盤こそが、フリー・アルバイターという低所得の周辺労働者たちが増加し、一個の「階層」へと転化するための必要条件だった。一方ではそう言われる。

実際、ぼく自身の人生の問題を含め、現在の日本の若年労働者達（の一部）の無気力や見通しの甘っちょろさには、「最後には親に頼ればいい」というぎりぎりの退路への信頼には、心から嫌気がさす。吐気がする側面がどうしてもある。

それは戦後の高度成長から消費バブルへといたる歴史の、最後の経済的な恩恵（?）を浴びた世代の心根に刻まれた、恥ずべき特権意識と没落感なのか。ぼくたちの生存を内臓から骨の髄までひたすこの「甘さ」だけは、これだけは甘く見ることが決してできない。「僕等に巣食うくだらぬ横顔は／一秒でも早く何とかしなければ／今ここで今ここで／僕等が何かを許したら／それだけ僕等カラダ中／痛みが走るのさ」（サンボマスター「これで自由になったのだ」）。

パラサイト世代は長い間怠惰な「甘え」と投げやりな気分のぬるま湯に浸り、水脹れしている。ひきこもりもAC（アダルト・チルドレン）もリストカッターもフリーターも、いろいろ仔細な事情はあるけれど、その責任だけは最後に自分で引き受ける他にない。ぼくは、自分の内部に巣食うこの最悪の「敵」――自己否定と反省の誓いを装った自己欺瞞！――と、長い人生の全体を通し、無様《ぶざま》でも徹底抗戦し続けると誓う。

哲学者カントの次の言葉――

徳の真の勇気は（不幸に屈するな、いっそうの勇気をもって不幸に立ち向かえ、という原則にしたがって）、目下のばあい、引き受けなければならない災厄や犠牲にたいして確固たる決意をもって対抗することにあるのではなく、むしろわれわれ自身のなかにあるいっそう危険な悪の原理――つまり、偽ったり裏切ったりしながら、しかも理屈をこね、あらゆる違反を正当化するために、人間の本性は弱いものだなどと思わせもする悪の原理――を直視し、その悪巧みに打ち克つことによるのである。

（『永遠平和のために』）

「あえて」生み出されるパラサイト

しかし、逆のデータもある。

賃金格差が一定程度生れた「世代」で決定され、その格差の幅が一生涯続く――そんな仕組みを、経済の専門家は〈世代効果〉と呼ぶ。

一般に、パラサイト・シングルの増加は、若い人々の努力の欠如や依存心から来るとされる。でも、玄田有史はこれとは別の可能性を論じる。

日本型企業では、中高年が手厚く保護され、賃金と家族生計が維持される。社会保険も年金もみなそうだ。実際、（大企業を中心に）急速な従業員の高齢化が進み、従業員一〇〇〇人以上の大企業で働く男性フルタイム労働者のうち、四五歳以上の占める比率は、一九九〇年に三一％だったのが二〇〇〇年には二七％になった（『ジョブ・クリエイション』八五頁）。中高年が既得権益を維持し、その代償に、若年の雇用チャンスが制限される（玄田の試算では、四五歳以上の比率が一％増えると、新規高校卒の求人は一・八％下がる）。経営が悪化すれば真っ先に首が切られる――契約社員・パート・アルバイトは更に。

若年層のパラサイト・シングル化は、両親の世代＝中高年層の既得権益保護の結果――それは戦後の対米従属と第三世界の経済的収奪という別の、マクロなパラサイト状況の産物だ――かも知れない。

しかも、企業や行政は「親の保護」を最初からあてこんで、若年労働者の賃金をさらに低く抑えている節がある。現在の労働を切り売りされた結果、その人の人生＝未来がどうなるかなんて、知ったことじゃない、奴らは最低限度の（？）生活さえできればいいと。

あなたはどう感じる？

行政や資本が、いや奴ら（敵対者）が、自分たちがよりうまく儲け、富を効率よく一極集中化させるために、大量のフリーター的労働者層をあえて生み出し、使い捨てに――特にその「未来」を！――したあげく、その「責任」を当事者の側に「自己責任」として押し付け、世代エゴイズムに守られ安穏と人生を終えようとし、あまつさえ「今頃の若者は労働意欲がない」「働く根性がない」「徴兵制を敷け（自分が兵役についたこともないのに！）」などと世を憂い、醜悪なオヤジ的お説教を吐き散らすこの光景について、どう感じる？

既得権益世代批判だけでは足りない

再び立ち止まる。逃げ切っていく既得権益世代がすべて悪いのでは決してない。当然ぼくらの人生が「最悪」じゃない――最悪なのは常に誰か他人の生の側だ。先に述べた内なる甘さ＝悪の腐食は、逃れがたい現実を形づくる。

終身雇用や年金制度に守られ「自分たちは良かった、これからの子供たちは可哀想」と、感傷や同情と共に自分たちの人生だけは安穏と逃げ切ろうとする「食い逃げ」世代のエゴイズムを批判的に叩くために、若年労働層の階層性を対抗的に激突させ、たたかいのラインを引く。それはとりあえず必要なアタック＝迎撃だ。でも本当に大事なのはこのことではない。

世代的な階層分離の事実を認めても、それだけでは足りない。後者の現実（食い逃げ）が前者の現実

（若年労働者の甘っちょろさ）をすべて許し、なし崩しに免罪することはやはりない。何もかもが許されるはずがない。他者への過剰な責任転嫁は無責任と等しい。

ここには、互いが依存しもたれあう《循環》の構造がある。循環の中で、自分（たち）だけよければいい、という生活保守エゴイズムの粘液に絡めとられている。

勝ち取りたいのは、「食い逃げ世代」と「フリーター世代」、前者と後者を同時に——でも違った形で——閉じこめている社会的・歴史的な《構造》の全体を批判的に捉え、こわし、これを真の未来、「別の」未来へと化学変化＝分岐させていくための、具体的なオルタナティヴの提案や制度論であり、またそれを根元から支える個々人の倫理感覚だ。

☆問いの転回——真の普遍性へ

問いは微妙な転回軸へ差しかかったと感じる。

これは、時間の水準（世代格差）だけでなく、空間の水準（地域格差）についても言える。

フリーターの大部分は、都市圏（首都圏／関西圏）に集中している（ただし比率の面では沖縄が一位）。

やや古いが、全体の三〜四割が京浜大都市圏に、二割程度が京阪神に集中しているというデータがある（『就業構造基本調査』一九九七年）。

就職難に陥り食い詰めた人達が都会へ流れ込む。都市と地方の構造が、連綿と今もある。首都圏と地方の経済格差は歴然としている。

地方にお金がないため、行政は、資金が都市から地方へ逆に流れる融資制度・財政をつくり、商品や材料の運搬のために道路建設を進めてきた。しかし結局、商品やお金は地方で消費されず、都市部へ還流する。こんな公共事業システムの存続が、都会と地方の格差を不断に再生産し、固定する。

先述したが、GDP比で他国の一～三倍と極端に多い（その代りに社会保障費が縮小される）。また少し古いが、先進七ヶ国内では、日本の公共事業費は年間四五～五〇兆円にのぼる（自治省「行政投資」）。先進七ヶ国内では、日本の公共事業費は他の六ヶ国の合計額を一国で二九％も上回る（「ナショナル・アカウント」一九九六年）。人々はなぜ都会へ出るのか。単純に、所得的にもインフラ的にも情報アクセス的にも、その方が生きやすいからだろう。出稼ぎ者は国内に今も沢山いる。これも前述したが、NHKスペシャル『フリーター漂流』によれば、全国を出稼ぎ／季節労働者的にさまよい漂流する若者は一〇〇万人を超える。地方の年金・医療制度は長年パンクしている。

しかし、もう一歩先へ足を進められないか。

「首都圏」の中心性を拒むために、「沖縄」や「北海道」のローカリティを対抗原理として持ち出すのでは足りない。公共事業への依存体質や郷土エゴ、地方出身者の怨恨や被害者意識こそが状況を生ぬるく停滞させている面が確実にある。その事実までも都合よく洗い流せはしない（これは「川崎市のチベット」と呼ばれる交通の断絶した郊外の僻地に二五年住み続けた人間の感覚としても言う）。でもそれだけじゃない。たとえば平井玄の次の言葉は、その空間的な「ねじれ」を鋭くえぐり出す。熟読してほしい（なおこの一文は「フリーター」「ニート」などを外側から名づけ「食い物」にする人々への灼熱する怒りから始まる、村上龍や玄田有史も例外とならない）。

非正規労働や無業といった問題系をめぐる議論は、何よりもまずこうした「地方無業者たち」が見つめている光景から出発すべきなのである。都会のニートやコンビニ・フリーターたちはこうした大きな波の先端で目につく波頭にすぎない。（略）そしてここ二〜三年で明らかになってきたのは、こうした「地方」が東京二三区の北側一帯にも滲み出るように現れてきたことである。都心内部での南北の格差は急激に開きつつある。そういう形で、東北地方のA高校やC高校を卒業した無業者や非正規労働者たちと、東京圏全体に増加し続けるニートやフリーターたちは直接繋がっているのである。かえってコンビニやIT下請けという働き口さえない地方の惨状の方が、ぼやけた心理主義的説明の霧を吹き払って事態をクリアにする。（「亡霊的プロレタリア」）

すると、少なくとも日本国内に在住する限り、「都市部か地方か」にとどまるわけにはいかない。両者が相補的に形作る《構造》を、粉々に打ち砕くことが必要だ、打ち砕いた先に本当の普遍性 University を見出すために。

逆に、凍結した構造の呪縛が打ち砕かれ、氷片の粉末として曇天の空に飛散した時、ようやくぼくらは、せせこましい世代論や地方主義——互いに軽蔑しあい、エゴや怨嗟を鏡像的に再生産し続ける——にのまれることなく、各々が生きる固有の「場所」や固有の「年齢」を、本物の唯一性を勝ち取りうるのかも知れない…。破片で無数に傷ついた皮膚を、じかに外気と雑菌にさらして。

もともと日本の若年フリーターは、一定の地域的・世代的な特殊性を帯びている。すると、その生存の諸問題を考えつめることが、どこかで、「他の」無数の底辺・周辺労働者たちとのユニバーサルな低空の雑種空間へ突き抜けないなら、何もかも無意味に終わる。ぼくらの問い自体が、若年ローカル、首都圏ローカルでついえる。

必要なのは、汚辱と生活の糞尿に塗れた人々の群れ、雑種的な弱者たちが（強者連合じゃなく）多元的な生活を連合させ分配する協同の場のポテンシャルを具体的にひらくことだ——どんな美化やコミューン幻想からも醒めた場所で、現実が強いる泥塗れの生活の必要として。

☆《構造》から遺棄されるもの——〈子ども〉と〈弱者〉

——しかし、ここでもそれ以上に大事な問いがさらにその先にひらかれる。

既得権益層とパラサイト層、逃げ切りエゴイズムと「なるようにしかならない」シニシズム、この相補的な《構造》の外側で、もっとも容赦なく脆弱な立場に置かれ、致命的な排除と遺棄を被るのは、ぼくたちの後続者としての〈子ども〉たちなのだ！

新生児や幼児だけじゃない。まだ生れてない、存在をはじめてもいない子どもたちを含む。君たちは自分の預かり知らない場所で何もかもを決定され、しかも負債や腐敗を、生誕と共に無限に押し付けられる。それどころか、国内の相対的な豊かさと引き換えに、生誕の瞬間から「別の」他者たち（第三世界の他者／国内の弱者／未生の他者）への「加害者」として在らなきゃいけない。本当にそうなのだ。——そんなのは本当の恩恵＝贈与でもなんでもない望んだ覚えもない、と先行世代へのあらゆる適正な感謝のあとで、君たちは強靭な英知と共に一刀両断するかも知れないのに！

第三世界の他者のこともある。さらに、ごく身近な場所で生きる〈弱者〉たちの生活のこともある。さしあたり自己決定不能な負債と腐敗を、今現在も刻々と強いられ、経済や人権のレベルに留まらず、その潜在性《ポテンシャル》を、その存在をい排除=遺棄され続ける。他の誰の声でもなく、もともと声なき存在の幽霊の声こそが、このありふれた日常の中で無限にかき消され、初めからないもの、存在さえしなかったものとされていく…。意識的であれ無意識であれ、悪意か善意かを問わず、ぼくらの手もまた他者の、幽霊の血や泥で汚れずにすまない。

☆フリーターと年金問題

年金制度をめぐる折衝と軋轢は、特に年金システムに根本的な不信感と不平等感をいだく若年労働層にとって、たたかいの主戦場の一つになるだろう。厚生労働省は二〇〇三年八月、国民年金の徴収体制の強化を目的に、「国民年金特別対策本部」を設置した。以後も税金の強制徴収体制は着々と進み、たとえば二〇〇五年三月、フリーターなど短期労働者への個人住民税の徴収強化などを盛り込んだ改正地方税法が成立している（共同通信二〇〇五年三月一八日）。

年金制度の空洞化が言われる。

いわゆる九六四《クロヨン》問題——給与所得者が所得の九割を捕捉されるのに対し、事業所得者は六割、農業所得者は四割しか補捉されないという、所得税をめぐる格差=不平等感の問題——もある（ただ、最近のデータでは、クロヨン格差は縮小されつつある、とも言う）。年金の未積立金（保険料を引き上げない限り将来も絶対に穴埋めできない部分）は、すでに四八〇兆円（厚生年金四三〇兆円＋国民年金五〇兆円）に達した。国民年金の未納率は、若年層を中心に、約三七％に及ぶ。

併せて厚生年金も空洞化が進む。団塊の世代が一斉に退職する二〇〇八年度から、年金受給者は一挙に増え、過去債務の支払い義務が一挙に来る。

二〇〇四年の年金制度「改正」では、国民年金は二〇〇五年四月から毎年二八〇円ずつ引き上げ、二〇一七年に一万六九〇〇円で固定し、現状で会社員の年収の一三・五八％（労使折半）の厚生年金保険料は、二〇〇四年一〇月からこれも毎年段階的に引き上げ、二〇一七年に一八・三〇％で固定するとされた。もちろん、年金制度は何度も何度も、保険料切り上げ／給付額切り下げを場当たり的にくりかえしてきた。この保険料がそのまま維持されるとは考えがたい。厚生年金の保険料を引き上げると、使用者側は法定福利費をカットしたいからますます正職員を減らし、パート・アルバイト労働者の数を増やす。しかし、所得の低いフリーター層は、国民年金どころか、健康保険料さえ支払えないことが往々にある。

すると、年金制度の空洞化は益々進行する。みやすい悪循環が生じる。

制度に対する感覚

問題の根には、公正なバランスを欠く年金制度の分立問題（厚生年金／国民年金／共済年金／障害者年金／議員年金など）がある。（★20）

基本的に国民年金に加入する自営業者・農業者・パート・派遣社員などは、サラリーマンや公務員と仮に同額の年金を納め続けたとしても、負担や給付の面でだいぶ不利になる。特定の年功序列型労働者に有利にできているからだ。現状の厚生年金では、転職者やリストラされた人間にも不利益が生じる。国民年金は定額保険料で、給付額は基礎年金部分だけとなる。四〇年間保険料を納め続けても、満額で月六万六〇〇〇円程度。現状の生活保護給付水準より低い額だ。二〇〇四年二月に出された「年金制度改革法案」でも、年金制度の公平化（一元化）に関しては一切触れられなかった。

　年金に関する今の世間の議論では、若年層の声はほとんど無視され、蚊帳の外に置かれ、いないも同然のもの、当面の年金制度を支えるために必要とされる無尽蔵な供給源か家畜か何か――しかも、搾り取るにはあんまり痩せっぽちな！――のようにとらえられる。逆に、若年世代の年金未納のみが特に「問題化」され、年金制度の破綻の危機が深刻に憂慮される。たとえば一九九四年／二〇〇〇年の年金法改正に伴い、一九六二年以降に生まれた人の年金受給年齢は、六五歳へ完全に引き上げられたが、この決定に際し、当事者である若年世代は、意思を表明する機会をまったく与えられなかった（★21）。

「「食い逃げ世代」は「未来を担う世代」のことを何も考えていない。年金も健康保険も、みなそうだ。（略）「構造改革」では未来を担う若い世代が完全に置き去りにされている」（金子勝）。こんな放置とスルーの責任は、当事者であるぼくたちの側（の沈黙）にある。

　ぼくらは、税金に関する基本的な感覚をどこかで見失って来なかったか（★22）。

☆まず、何をすべきだろう？

生田武志のWEBで、こんな事件を知った。

二〇〇三年九月一五日未明、静岡市清水地区で野宿生活をしていた井上さんが何者かの襲撃で死亡した事件で、その後、日系ブラジル人の二二歳と一七歳の若者二名が傷害致死容疑で逮捕された。その前にも、生田たちが夜回りする日本橋で野宿者を襲撃した中学生が逮捕された。それに対し市教育委員会へ「野宿者問題を学校で取り上げることを求める申し入れ」を行ったのだが、逮捕された三人の若者は、かつての養護施設での仲間だったという。

これらの事件について、生田は書く。

> 彼らについてそれ以上の情報は入っていないが、彼らが「戦う」べきだったのは、野宿者ではなく別のものだったのではないかという思いは消えない。なぜ、「日本社会の中で居場所がない」という「共通する問題」を持つ者どうしが「襲撃」という最悪の関係を持たなければならないのか、ということが解せないのだ。（二〇〇三年九月二四日）

……彼らが本当に「戦う」べき相手は誰だったのだろう？

ぼくには何も答えられない。うかつに答えるべきでもない。

ただ、事件からもたらされる「やりきれなさ」を、自分の舐《な》めてきたささやかな経験と突き合わせ、その火花と激突音の中で何かを考え、何かを想像し続けるくらいはできる（そうしなければならない理由はないが、そうしたいという切迫は内にある）。

被害者であれ加害者であれ、他人の人生に共感し同情するのではない。むしろ本当の意味では共感不可能だと「わかる」こと、魂ごとはねつけられ、肉を裂かれ、骨を痛めること。やってしまった人間とやらなかった人間がどうしようもなく違い、両者の間には「たまたま」だが絶対的な深淵があること、さらにその深淵を越えることが時に、多元流動する状況に応じて偶然あっさりと生じてしまうことへの戸惑いの感覚…。

しかし、ぼくらはこんなありふれた社会的偶然＝「たまたま」の水準にもとどまれない。なぜなら、その時物事はぎりぎりの場で単なる偶然と外的文脈だけで決まってしまう。そうではなく、複雑に折り重なってゆくそんな異和の感覚の先に、ほのかに、ありふれたぼくの《責任》の感覚が芽吹きうるかも知れないのだ。

暴力批判

そもそも暴力とは何か。

正しい暴力と間違った暴力があるのか。そんな区別はないのか。「すべての暴力は同じ暴力だ」と言い切った時に見失われるものは何か。暴力に真に対抗する生活上の原理とは何か。愛か、平和か。しかし多くの愛や平和の合唱が、遠い外国の他者／近隣の潜在的弱者たちの構造的収奪の上に、仮初めに成り立つだけならば…（わざわざそれを努力して勝ち取らずとも、「愛と平和」を十全に享受している人々が、罪悪感を塗りつぶしたいからこそその大合唱を高めていくのであれば…）。

もちろん、他者が犯した個々の暴力や残虐、いさかい、不満や卑しさを一つひとつえぐりだして批判する作業は絶対に必要だし、倫理的な「正しさ」は不可欠だ。そしてその次元にとどまって続けるべき批判は無数にあり、半永久的にあり続ける。

でも、世の暴力たちに対する純粋に「正しい」批判は、それが人々に暴力を多元的な形で強いる現実の矛盾／切なさ／繊細《センシティブ》な事情を見ない時、弱者が同時多発的に別の弱者を叩くという悪循環を再生産し、憎悪と怨恨の炎を苛烈化する。曖昧な怨恨や悪が細胞分裂的に増殖し、卑小な悪のポテンシャルをかえって押し広げるのだ。(★23)

これらの玉突き的に広がる悪無限を根元から断ち切れないならば、正しさとは何か。これはオカシな矛盾か。違う。倦《う》まずくりかえされる人間的な、あまりに人間的な現実の域を少しも出ない。

加害者／被害者／傍観者

一切をのみこんで、無慈悲に回転し続ける現実の《構造》が（空想的勝利ではなく）現実的に揚棄されない限り、偶然的＝重層決定的に揺れ動く状況と時勢に応じて、弱者が更なる弱者を叩き、被害者はいつでも加害者に、加害者はいつでも被害者に転位＝反転してしまう。しかもある一つの事件や事故に巻き込まれた純粋な被害者であることが、自分以外の他者が巻き込まれた「べつの」事件や暴力を不可避に盲点化＝暗部化し、純粋な被害者であることが、そのままで純粋な加害者であることにつながってしまう――。

状況の中立的＝公正な「傍観者」にとどまることもはっきり拒絶する。少なくとも自分が加害者にも被害者にもならないで済む程度の、加害か被害かを自己決定できる（と信じられる）安全地帯にいる限り、傍観も他者加害の一変奏でしかない。(★24) また、現実が強いる矛盾や惨たらしさに真摯に向きあい、心の底から嘆き、その奇怪な複雑さをありのままに分析する試みさえも、正義面を装ったきれいごとの一変種にすぎないかも知れない（たとえその分析の営みが、現実の悲喜劇を二度とくりかえさないために、被害と加害のねじれた悪循環を断ち切ろうとするぎりぎりの祈りと愛に深く貫かれているとしても）。

人は何かを認識し想像したつもりになった時、まさにその時にこそ、外側の誰か・何かによって実は何かを認識させられ想像させられているだけだ。問いに次ぐ問いの先で、なお素朴な無力さは重苦しくのしかかる。内面的な罪の意識でもない。現実のわけのわからなさ、端的な無力さの積み重ねから徐々に分泌される「羞恥」の感覚の話…。

ではどうするのか。この羞恥に塗れながら、まず何から始めればいいのか。

「わからない」と安易に口にはできない。その矛盾した状況の底の底から何かに手を染める（本書エピグラフに掲げた桜井和寿のリリックと絶唱は、少なくとも、そんなぎりぎりの祈りに、しかし熱狂とは異なる次元でさめ切った倫理感覚のまま貫かれていないか）。

フリーターは生存上の何かをどうしようもなく収奪された被害者なのか。何かを別の他人から都合よく奪い続ける加害者か。誰が真の加害者で、誰が真の被害者か。

こんなクエスチョンは、そのままでは結局無意味に終わる。それが、たんにそれだけに終わる限り、弱者競争と怨恨連鎖の泥沼に陥り、きりがないからだ。そうだ、この種の問いが蒸発し、滅菌されていく場、無数のありふれた混乱と共に生きられる生存の現場、フリーター労働層の生をめぐる問いのハード・コアはその辺りにあり、その辺りからすべてが始まる。

——その時にこそ、このぼくのとりかえしのつかない唯一の《被害》、唯一の《加害》が、生々しく残酷な生の風景として見出されるだろう。(★25)

☆なにもないというエッセンス——存在する権利？

若年フリーターの生存は、戦後日本型の安定的な雇用・社会保障システムから遠く離れている。しかも一度フリーターになるとフリーターから「脱」するのが難しくなる、というリスタート＝脱落復帰困難の悪循環もある。すると、家族が最後の拠り所になる。パラサイト・シングルと言われる。これがフリーター階層の最大の内なる甘えの温床であることを見てきた。でも、こんな「恩恵」（？）もじきになくなる。時と共に、親も子も高齢化と貧困化が進むから。家族福祉という最後の安全ネットをはぎとった時、本当のフリーター問題がむき出しになる（それはその時もう「フリーター」と呼ばれないかも知れないが）。さらなる後発者＝子の世代にとっては、もはや親の現役フリーター世代も貧相に痩せ衰え、依存対象ではなくなるだろう。

どう転んでもここが一つのデッド・リミットに見える。フリーター問題を「解決」するにはフリーターから脱するしかない、それができない能力の低い人々、継続的な依存対象（既得権や家族）のない人々は、自然淘汰的に切り捨てられブラックホールにのみこまれても仕方ないと。

しかし、行き止まりと見えた聳《そび》える「見えない」壁の前で、考え方を単純にひっくり返してみたらどうだろう。

資本の側がのぞむ技術や実務能力を必ずしも当り前と考えない。能力・努力主義も別に不可欠と考えない。何の後ろ盾も社会保障も技術もない人が、それでもなお当たり前に働き、生活していける仕事と協同の場を創出していけないか。そう問い直してみる。

　この月並な問いは、どんな成熟した社会にも必ず残り続ける。そう考える。するとどこかで必要なのは、弱さを強いられた人々が力を集め、必要な生活財を（前近代的な互酬的コミューンとは別の形で）分配＝交換し、生活の多元的な平等を継続的に確保してゆく、そんな「別の」生き方、「別の」ライフコースの可能性を——すべての空想的自由や現実逃避から手を切って——具体的に考え抜くことではないか。そのために、各人が置かれた「立場」をほんのわずかだけ横に越え、社会的なネットワークの厚みを増していけないか。

むき出しの存在が多元的に連合する

　なにものもたない労働者（国家／企業／家族／貯蓄／技術／…）というエッセンスを原点とし、そこから何かのアクションをひらいていくと考えてみる。

　「弱者がまとまることは難しい」「彼らの力だけで連帯することはできない」と山田昌弘は述べる（『希望格差社会』）。精神面だけではない。内閣府の若者調査では、高収入の夫と高収入の妻が結婚しやすく、他方で「できちゃった」婚などで不安定な収入同士のカップルが結婚し「弱者連合」をつくりやすい。親子関係にも言える。学費・教育費・生活のゆとりなどの面から、お金持ちの夫婦はお金持ちの子どもを生み出し、貧乏人の夫婦は貧乏な子どもを生みだしやすい。

　フリーターの収入では「結婚できない」「子どもを持てない」としばしば批判される。行政や世論は、フリーター問題を必ず戦後型家族の危機・年金体制の危機と結びつける。一見、現実主義的に正しく響く。でも、本当にそうか。本当に高度成長期型の収入や生活水準や家族スタイル（大企業の夫が専業主婦の妻と子どもを支える）が、今後も目指し確保すべき揺るがぬ価値なのか。可能な所得に応じた適正な家族関係の形やライフステージの形が、生活の必要として、「別の」形で見出せないのか。清貧じゃない。軟着陸したいだけだ。

思いついたまま挙げるが、障害者が他の障害の人を支える複合型住宅、（世話人抜きの）バディハウス、ピアヘルパー、老人施設と障害者施設の融合、障・老・児童に対応するデイサービス、マルチヘルパー事業所（介護保険・支援費・精神障害者支援・保育などに対応する）、野宿者のヘルパー資格取得や世話人就労を支援するＮＰＯ法人など――何と言うのか、「福祉ミックス」の潮流は、日本でもさまざまなフェーズでひろがりつつある。

ことは若年貧困層の住居問題とも関わる。年金制度の世代間格差はよく言われる。内閣府の試算では、生涯を通じた社会保障や公共サービスなどの受益と負担の差（純受益）は、六〇歳以上の世代と二〇歳未満とこれから生まれてくる将来世代の一世帯平均の格差で九五九九万円、と一億円近くに達する(http://www.asahi.com/business/update/0216/001.html)。

だから「年金のシェア」（高所得の老年層から若年層へ逆流させる）や「逆年金」（所得の苦しい若い内に年金を受け取り、あとで返す）を主張する人もいる。パオロ・マッツァリーノは、若年層の貧困化と住宅問題に関し、持ち家の部屋を余らせた土地持ちの高齢者による「下宿」の復活を推奨する（『反社会学講座』）。また、地元の地主の土地を安価で借り、従来よりすごく安いお金で入居者を募る有料老人ホームなどもある（結果、有料老人ホームと特養の境界線が弱まる）。

低収入の子と親が（経済的パラサイトではなく）互いの生活的必要から支えあって生きるスタイルをポジティヴに——再契約として——名付け直す必要もあるだろう。事実、親と子による住居や生活財の共有を「パラサイト」や「共依存」としか捉えられない限り、一人暮らし＝自立できず他人に迷惑や世話をかける奴は死ねという選別型自立主義は残り続ける。

いずれも「居住空間」の問題が大事で、一種のルームシェアの話になるのだが、それだけでなく、肝要なのはいわば《生活のシェア》と言える。必要なのは、現実にそれを生きるための——マニュアルではなく——ノウハウだ。

もちろん事態は両義的で、よい面も悪い面もある。弱者が勝手に弱者同士で互酬的に支えあってくれれば、それを歓迎し喜ぶ連中がいくらでもいるからだ。あえて弱者同士を島宇宙に囲い込み、丸ごとパック詰めにして廃棄したがるひとびとが。

実際、アメリカと同じく刑務所へ各地から野宿者・高齢者・障害者が流れ込み、すでに「刑務所の福祉施設化」（浜井浩一）が進行しているとも聞く。

しかしやはりそれだけとは言えない。くりかえすが、障害者や低所得層なども、「自分だけでは生きていけない」「恒常的な支援が要る」という生活の必要と必然から、ルームシェアや生活財の共有・分配など、自分たちで自発的に共生型の移住空間を創出していく流れがある。効率化の名のもと目の前にある生活を切り刻むのではなく、生活の真のゆずれなさから湧出＝分泌する生の《かんたんさ》を目指して。

今に始まったことではない。一九七〇年代以降の「新しい社会運動」（フェミニズム、障害者運動、患者の権利運動、マイノリティ運動など）の流れや（浦河べてるの家『べてるの家の「非」援助論』、斉藤道雄『悩む力』、中西正司&上野千鶴子『当事者主権』など参照）、アウトノミア運動・フリースペース運動・だめ連などの流れもあった。これらの歴史的経験から現在のぼくらが学ぶべき事柄は、無数にある。

新しい社会運動がひらいた議論は、一見抽象的に見えるリベラリズム（再分配＝平等論）とも結びつく。リベラリズムは、社会的弱者たちの存在を並列化された電源に置き、そこから社会全体を照らしだす光源となりうる。

逆に言えば、日本のフリーター型労働者の問題を本当に突きつめるには、国内のフリーターと（たとえば）外国人労働者や障害者たちとの――国境や立場の違いにただちにはとらわれず、それを斜めにズラしてゆく――連合／協働／ネットワーク（のネットワーク）を、持続的な形で雑草的に押しひろげていく運動性＋事業性が不可欠なのではないか？[★26] むしろその持続的過程の中に、「わたし」と「あなた」の致命的なすれ違い＝分離線がむき出しになっていく。

存在の《なにもなさ》という原液は、狭義の若年フリーター層だけではなく、女性や外国人や野宿者や障害者や子ども、在日・民族的マイノリティなど、ひろく底辺・周辺労働者たちの生活や就労の問題を考えることへと水脈を通じる。

フリーター的底辺労働の現場は、すでに外国人労働者や障害者との共同作業となることが多く、この傾向は今後も強まる。福祉改革グランドデザイン案では、障害者の社会的自立が「就労」に特化され、ハローワークを筆頭に、関係機関が連携を組んでこれを進めると明言されている。あるいは日本の若者達が中国の大連へ、時給二〇元（約二六〇円！）という超安価な賃金のコールセンターに「出稼ぎ」に行くなどの逆流現象が見られる（『アエラ』二〇〇四年七月一九日号）。

☆どうしようもなさ、勇気、怒り

ぼくらが「仕方ない」「なんとなく」のゆるい温水に流され続ける限り、本当のたたかいの火花は生じない。すべてが曖昧に湿り、しけっていく。その時ぼくらは、つねにすでに、現実の何か（Something）に負け、〈未来〉のポテンシャルを収奪され続ける。

弱者を直接傷つけるだけではない。傍観者にとどまるだけでもない。間違ったたたかいを一生を空費してたたかい続けることで、より弱い別の他者たちの潜在性と未来を収奪し続けるのだ。自分を巻き込む本当の「加害」にも本当の「被害」にも気付けないまま…。しかもその時にこそ、ぼくらは自然な自己満足と「生きがい」さえ見出す始末だ。やりきれない事実ではある。しかしそれこそがぼくらの真の敗北と拱手《こうしゅ》傍観であり、多元的な他者たちへ致命打を加える真の加害＝収奪であり、自分自身の魂の真綿的扼殺《やくさつ》だとすれば！

そして自由のために…

しかし、この「弱い者がさらに弱いものを叩く」という同時多発する循環構造——「無限大の傷つけ装置」（森達也）——は、決して絶対的なもの、普遍的なものではない。歴史の必然でもない。明らかに、それを意図してねらっている連中がいるのだ。

何より必要なのは、「敵《エネミー》」と《敵対者《アドバーサリー》》を慎重に見極め続けることだ。ぼくらの生活上の不安や不満が、想像《イメージ》の中に捏造する「敵」との戦いは、端的に無益で、魂のいたずらな消耗で潰《つい》える。どんなに真剣で苛烈であっても、いやまさにそれゆえに、すべてはニセの戦いに終わる。

ぼくらはむしろ、その先で、ありもしない「敵」の妄想的な捏造＝投影をさえ強いる本当の《敵対者》の存在とポジションを、臓腑《ぞうふ》からの絶望や怒りの感情と共に、再発見してゆくべきだ。「たたかい」のスタンス、ノウハウをたたかいとるべきだ。

もちろん、自滅的かつ無差別な暴力の拡散として解消されるしかない（としか言えない）絶望と鬱屈、出口のない生活の反復を延々と生きる人は、国内にもたくさんいる。自分だけが悲惨な状況を不当に強いられた。理由がわからない。理不尽としか感じられない。この絶望と痛みは、誰か別の他者の魂の痛みで贖《あがな》うしかない……。そんな誇大な被害者意識が時の中で醸成され、醱酵《はっこう》する（少年達が目の前の敵ではなく、より脆弱で無力な犬や猫や幼児を叩いたように……）。

ぼくはそれをまったく人ごとのようには言わない！　「またやるかも知れない」感覚、反復の予覚が常に背中に幽霊みたいにつきまとう。道徳や合理的理性によって食い止められるかどうか、かんたんにはわからない奇怪なおそろしさ、グロテスクがある。でも、その暴力発生の渦中と現場からはじめない限り、ぼくらのどんな理想も美しい正しさの言葉も、余裕に溢れた戯言《ざれごと》になり、真の批判＝変革の力を帯びない。必要なのは単なる属性レベルの「当事者意識」の情念――それは状況の中で簡単に被害者意識／外への無差別爆撃型の攻撃性へ転じる――ではない、クリティカルな《現場》の感覚だ。

では、こんなどうしようもなさ、焼野原の果てにつかみ取られる《自由》の鈍い輝きとは何か。ぼくらの生活上の不安と憤懣《ふんまん》は、それがその先端へと切りつめられたとき、自分を強いる状況へのアクティヴな怒りの火種となる。

必要なのは、互いに互いが傷つけあう形で人々が孤立と島宇宙化を深め、不安と恐怖の中で相互消耗し続けていく〈状況〉――相対的に弱い者がより弱い者を無限に叩く――そのものへの、そしてそんな状況を強いる連中（想像上の偽の「敵」ではなく、本当にたたかうべきリアルな《敵対者》！）への、怒りの感覚に裏づけられたたたかいを、今ここではじめること、どんなにささやかで卑小な形であれ、まずははじめてみることだ。

そして、その小さいが決定的な転回＝分岐を具体的にもたらすために、自分たちが生きる現在のみじめさを、自分がそう思い込みたいよりも常に数歩ひどいどうにもならなさを、持続する激痛と共に見つめる勇気、個々の決断の中で分析し続ける粘り強い知性だ。

【少し長い付論】

生活の多元的な平等のために——分配の原理論ノート

■このフリーター論を——蛇行や中断と共に——書き進める過程で、しだいに結晶となり、宝石化して来た生活原理（の断片）。それを以下にスケッチする。

抽象的かも知れないが、「働くこと」の切実さと「平等」（リベラリズム）をめぐる問いを継ぎ合わせるための蝶番のパートであり、本論の末梢へと生きた血液を循環させる心臓部でもある。

おそらく非正規労働者の生存をめぐる今後のたたかいの主戦場は、「右」か「左」かといった曖昧な敵／味方の陣地戦とは少しずれ、《私的所有》と《分配》の間の原理的な激突＝抗争をめぐっていくだろう。実際、自由主義・リベラリズムの歴史は、つねにこの二つの極の間を揺れ動いてきた——自由という価値の脊椎《せきつい》にはらまれたふるえとして。

■では私的所有とは何か。

大きく分けると二種ある。いわば身体所有権（自分の身体は自分のものである）と、生産物自己所有権（自分で作り出したものは自分のものである）の二つ。ここには「他人の自由に干渉・侵害しない限り」という条件が付く。

前者の身体所有権は——自然界への働きかけ＝「労働」を通して——後者の生産物所有権へと結び付けられる（ジョン・ロックの有名な「所有権について」二七など）。ただ、両者の範囲をどこまで認めるかは、人によってグラデーションがある。リバタリアニズム（自由至上主義）の根もとには、この私的所有権——そしてそこから導き出される数々の自由権——があると主張される（この言葉を意識的に使う／使わないは別にして）。

■リバタリアニズム／リベラリズム／ネオリベラリズムの違いについて、簡潔に交通整理する。

リバタリアニズムは、個人の経済的自由（財産権を含む）と精神的・政治的自由を、共に最大限尊重する。他方、リベラリズムは、精神的・政治的自由の尊重を説く一方、経済的活動への一定の介入・規制や再分配による平等を積極的に擁護する。

両者とも個人の「自由」を尊重するが、微妙な違いがある。両者のもっとも本質的な不協和と争点は、経済面の「再分配」を認めるか否かにある（もちろん個々の論者のロジックにも多彩なグラデーションがある）。

　またジャーナリスティックな文脈で用いられるネオリベラリズム（新自由主義）は、リバタリアニズムとかなり似ている。ネオリベラル／リバタリアニズム／ネオコンなどとも呼ばれ、定義も対象もかなり曖昧だ。

　しかし、ネオリベラルとリバタリアンには決定的な質差がある。前者は既得権益とその相続を当然と考えるが、後者はそれを厳しく拒絶し、たとえば相続権の完全廃止（あるいは一〇〇％の相続税）を求める。図式的に言えば、ネオリベラリズムが「既得権益＋市場原理＋自己責任」となり、リバタリアニズムは「市場原理＋自己責任」となる。

■では仮に、既得権益と独占の不公正を正し、ほぼ完全な形で「機会均等＋市場ゲーム（そして自己責任）」の社会が実現された——としよう。

　これは平等な社会だろうか？

　正確には、実現されたのは誰にとっての平等なのか。その時、人々の多元的な生活面の平等が真に肯定されるのか。

参加時の機会平等を批判し、結果面での実質的な平等が大事だと主張したいわけではない。確かに、結果の平等（同一化）を過度に推し進めれば、個人の自由権への過剰な介入と再分配の官僚的集権化を生むことは不可避となる（多くの社会主義国家の失敗）。福祉国家の存在は、常にその危うい矛盾と共にあり、この難しさは簡単には乗り越えられない。よく言われるが、社会権・生存権を確立したワイマール憲法は、その延長上で、合理的にナチズムを生み出した（たとえば川村修の言葉、立岩真也『私的所有論』の第七章注三一を参照）。

　また、リバタリアンな「機会均等＋能力主義」の社会が弱肉強食だから悪いとただちに言いたいのでもない。競争原理と個々人の能力の違いの肯定は、どんな社会にも必ずあるし、必ず残り続ける。実際、再分配を人の自由の条件と捉えるリベラリストもまた、そのエッセンシャルな事実をまったく否定しない。個々の人格や特性の差異を十全に尊重したいと考える。むしろ、その条件の真に平等な確保を構想する。

　しかし、こだわりたい疑問は、もう少し手前のありふれたラインにある。

■シンプルに、個々の人が置かれた条件・特性があまりに違う。たとえば、健常者と障害者、自国民と外国人労働者にとっての機会均等とは、具体的に何を意味するのか？

機会平等を厳格に考え抜くことは、実は、ものすごく難しい。「適材適所がある」「生得的地位《アスクリプション》はいけないが、獲得的地位《アチーブメント》はよい。」これらの反論は、生活の多元的な違い——属性や職種の違いではない！——が強いる難問を、少しも解決しない。やはり存在条件の違い＝存在格差というエレメンタルな難問は残り続ける。せいぜい「普通このような「ゲームに参加できないプレイヤー」は例外的な少数にとどまると見てよいであろう」（竹内靖雄）などの優先順位論（弱者の問題ばかり考えたら社会そのものが成り立たない！）を口にし、少数者の問題として視野の外へ放逐するばかりだ。

■ここまではすごく単純な話に思えるのだが、根は深い。「格差原理」——「諸々の不平等は、それらがすべての人の利益となるであろうと期待するのが合理的でない限り、恣意的である」——を唱えたロールズでさえこう書く、「格差原理の最も単純な形についていえば、最も不利な状況にある人々とは、他の人々と同様、平等な基本的諸自由と公正な機会は持っているけれども、最低の所得と富しか持っていない人々のことである」（『公正としての正義　再説』一一二頁、傍点引用者）。これでは経済的低所得層や野宿者はともかく、そもそも「平等な基本的諸自由と公正な機会は持っている」という枠内に入らない人は、格差原理（調整）の対象にさえならない。ロールズの格差原理では、この世の真の《格差》の暴力や残虐の恐ろしさは問えない。

人々の存在条件の「平等」——平等な理性や判断能力を持った対称的な人間関係——を前提とした平等論から最も排除されるのは、生活の多元的な《平等》というエレメントそのものだ。平等論の積極的な主張こそが、平等のポテンシャルを収奪し枯渇させる。ぼくらは《平等》と「平等」をめぐるこの攻防戦上で、うろうろと紆余曲折を重ね、悩み苦しみ抜き、自分の認識や倫理感覚を螺旋状に深め続ける他にない。

■リバタリアンは既得権・相続権の絶対的な廃棄を主張する。これは絶対に「正しい」。それは単なるルサンチマン批判では片付かない。この水準にとどまって具体的な状況と構造に即してやり続けるべきことは、無数に永遠にある。

でも、それを主張する人々の言葉は、他者の既得権・

相続権を批判すると同時に、「能力のある自分（たち）がよければそれでいい」という能力主義者の内輪の議論を、自己検証的にえぐり出せているか。真に相互性の原理を貫けているか。自由の主張には、必ず相互性原理が伴う。つまり、都合のいい時のみならず、自分がある他者の立場に立っても同じ事が言えるのでなければ（自分が野宿者・障害者・外国人になってもなおその「機会均等＋自由競争」をラディカルに貫けるか？）、その自由の主張は、結局自分がよければいいというわがままと変わらない。

このことは、しかも、一部の障害当事者や外国人にすらあてはまる。

■「能力主義と競争原理を通すことで、結果的に、弱者を含めた社会全体が押し上げられる。」彼らはそう述べる。

さらに、こうも主張する。先進国と第三世界の間の格差も、資本制の弊害によって生み出されたのではなく、むしろ公正な市場原理が不十分で、政府や一部の資本家が資源や情報を独占するからそうなる。第三世界にもまた真に公正な市場原理と自由貿易を貫徹するべきだ、そうすれば「比較優位の原理」（世界のどの地域も経済的に優位な財があり、生産はこれに特化し、他の財は貿易を通して他の国から手に入れれば、どの国も相互によりよい利益を得られる、そして、各国の優位と国際分業を最大限に生かすことで全体が押し上げられる、という自由貿易理論を支える考え方）によって各国の不均衡も是正され、国際関係も公平に調整される…と。

これは根拠のある「楽観」なのか。

素朴にこう疑ってみる。私的所有と自由権をラディカルに徹底した時、生活や文化が押し上げられるのは特定の「あなたたち」ではないか。底辺層は「押し上げられる」よりも「切り捨てられる」部分が大きくないか。彼らは一見公正で倫理的な自己批判を口にする。「いや、実力が自分に足りなければ自分も負け犬になっていい。醜い生命にはしがみつかない。」でも本心では「自分は絶対に負けない」という宝石的な信は揺るがないのだ。

すると、相互性原理（あなたも弱者になったら困るでしょ？）だけでは、リバタリアンを叩くには十分ではない。かれ自身がそれを積極的に主張するかもしれないからだ、わたしは野宿者になろうが誰にも頼らない。だから君たちもそうしろ、と。するとこれを叩くには、どんな抵抗原理が必要か。

■自由原理主義者は、おおむね——一部の真にラディカルなリバタリアンを除いて——現状の賃労働と資本制のルールを否定しない。微妙な修正や対案は見られる（「負の所得税」「教育クーポン券」など）が、資本制市場は不可避だ、必要だと考えられ、「自発的な交換は正義である」と言われる。私的所有論は、他者との交換の過程（市場）に入ると、広い意味での「神の見えざる手」理論＝自動調整へと至る。仮に歴史性の吟味や複数システム論を導入しても、この基本線は変らない。

ただ、それはたんなる自由放任とはちょっと違う。むしろ、最高度に各人の競争を加熱し激化しうる状態——その結果としての自動的な調整——を目指し、計画化や法の整備を図る。行政や公正取引委員会が「レフェリー」となり、民法や商法がこれを支える。つまり、初期設定にのみ、雷撃のような「介入」がある。肯定されるのは、単なる自由放任と弱肉強食ではなく、公正なルールに基づく市場経済ゲームだ。この前提を取ると多くの「問題」「難問」は自動的に解決される。それでも残る格差は仕方ない、ゲームには不可避に勝敗はあると。

■だが反論に耳をすまそう。たとえば身体障害当事者の原理的運動家が、こう主張したとする——

【自分たちは「人間は平等だ」と考えない。そんな前提は絶対に認めない。人間の平等という美しい前提を受け入れてしまえば、自分たちは現実的には必ず負けるから。少なくとも、不自由なく生きる健常者の君たちに人間の「平等」を口にする資格はない。特定の人々の敗北と排斥を運命づけたゲームの規則にフリーライドし、なぜ君たちが都合よく平等を主張するのか。私は被害者面していない。今は厳密な意味での「加害者」にも「被害者」にもなることさえできないからだ。

仮に君が資本制の揚棄とオルタナティヴ——リベラル・ユートピアであれ再分配と平等のラディカリズムであれ——を公言したとする。しかしそれでも、君の今の生活と生存が現状の資本制システムから無限の恩恵と蜜を被っている事実、その事実に乗っかって何かを口にする余裕と権利を君がたっぷり貪って肥満している原初の事実は消えない。すると、君たちにとって真の自己批判とは何の意味か。真の公平とは何のことか。まず、恥を知ってくれ。いや、君たち以外の他者を永久に打ちのめし続けてきた恥辱を想像してみてくれ。自分の幸運と僥《ぎょう》倖《こう》を骨身に叩きこまれ、その上でものを言ってくれ。もちろん、君もまたラディカルな批判の槍の標的を免れぬ。

福祉労働廃絶論もあるからだ。…】

■だがリバタリアンはまさにこんなラディカルな批判の雷撃をこそ拒みつくす。リバタリアンの原理は、いろいろな温度差はあるし各人ごとにさまざまな留保を付すとしても、弱小な存在は遺棄されて仕方ない、敗者／弱者は死んでくれという結論へ必ず行き着く。必ず。なぜか。

他者による介入からの自由、私的所有権（身体自己所有論＋生産物自己所有論）をいちばんはじめに不可侵なものとする限り、他者の生存への——救助であれ——介入は必然化されえない。「他人に迷惑をかけるな」「殺してはならない」「盗んではならない」「借りたものは返す」。ここからは、他者を生かすための原理はそのままでは絶対に出てこない。

その時、自立の困難・不可能な社会的弱者たちは「保護」の対象にはなりうるが、平等なありふれた他者としては永久に見出されない、つまり「少数者」の「後回しにすべき問題」とされる——「後回し」どころか、少数者の排除と暴力的収奪は今も昔も連綿と現在進行形で存続している事実には都合よく目をつむって（問題は存在そのものの排除、他者がこの世に存在をはじめた原事実自体を拒絶する排除だ）。

■ぼくはリバタリアニズムを自由の原理主義と考える。なぜか。

餓死寸前の人々が何人かいるとする。

その中の一人が、独力で糧を勝ち取った。自分はそれを食べないと生き残れない。自分が食べれば他の人々は生き残れない。見捨てることになる。どうする。

極限状況の中で、なお、独力で勝ち取った糧は自分のものだと言い切る、むしろそれが倫理的態度だと決意するのみならず、他者が同じ条件下で自分の生命を見捨てる権利をも絶対に認める。個人の不可侵な自由の輝きを時に人の生命よりも尊重すること、他者の不要な生命の廃棄の可能性を明確に言い切ること、自分の生を公平に含め、自由を貫く結果として敗者や弱者の存在をこの社会から消滅させ絶滅させることも時には拒まないこと、むしろそんな自由のポテンシャルを他者にさえ厳格に認めること——。

真のリバタリアンの凄みは、その辺りにある。

これを批判し、その先で平等＋分配を主張することは、決して簡単ではない。

というかぼくは、この「ノート」の視点を考えつくした場所から、あらためて、《私的所有》の輝きと価値を捉え直し、肯定すべき部分を純粋な形で肯定したいとさえ望む。

■しかし、少しフォーカスをずらしてみる。個人の私的所有権には、むしろ他者との交換行為が、そして交換を可能にする市場《マーケット》の存在が先行したかも知れない。これは珍しい主張ではない（ロックの議論でさえそうなっている）。

他者たちとの交換の場がまず常にあった。「共同体」の成立には、共同体と別の共同体の「間」が先行した。そう考えてみた時に見えてくるものがある。

■リベラルの主体（自己決定する主体）は、常に市場経済の主体——働いて貨幣を稼ぎ、消費行動する主体——でもある。自由の領域と経済活動の領域は切り離せない。

《資本》の原理は、マルクスによれば、G‐W‐G′（貨幣‐商品‐貨幣′）という過程を経て剰余価値を得ること、つまり「自己増殖」にある。安い場で買って高い場で売る。商人資本／産業資本／情報資本を貫いて、このシンプルな原則は変らない。人は貨幣を蓄積する。蓄積すればするほど、逆に不安は募る。この金で足りるのか、と。この不安は人の《交換》＝コミュニケーションという行為そのものの偶然性に根ざした不安と言える。自分の商品が売れるかどうかは、実際に売れてみないとわからないし、自分の言葉が他者に通じるのかどうかは、実際に通じてからでないとわからない。

貨幣という流動性への選好、さまざまなタイプの信用の創出も、抽象的には、この原初の不安に関わる。共同体の規範や予期理論が強く作用する場所でも、この原点にある不確定性、関係の多元的な偶然性はなお残る。

資本の増殖は「自己」の無限の増殖であり、ここからは、そのままでは——たとえば「同情」などの別の原理を介入させなければ——他者の存在の肯定という原理は出てこない。

■問題は、商品・情報の独占を排してもなおその先に残る「資本制市場」の怪物的な暴力にある。

前者の批判だけで思考を停止し後者の現実を動かない条件（自然）と捉えれば、それは結局単なる現状肯定に終る。独占や不正なルール侵害への批判と同時に、資本制そのものへの批判、二重の批判、二階建て方式の批判が必須だ。するとユートピア主義とは別の形で、非資本制的な市場の可能性、「別の」交換の可能性を模索した方がよい。

つまり、他者を手段としてのみならず目的としても扱う交換、自己の存在を生かすのみならず他者の存在をも等しく生かす分配的交換のポテンシャルをひらく。

では、他者たちとの無数の交換＝コミュニケーション関係の偶然性を、多元的な形で肯定するための「別の」原理とは何か。

■人間の交換という行為を、単に資本経済的交換（等価交換）だけで考えつくすことは出来ない。交換はもっと多元的で不可思議なエレメントをはらむ。たとえば贈与や略奪や再分配もまた、交換の形式の一つに数えられる。このことは前近代的な互酬関係（支えあい）へのユートピア幻想ではない。

そもそも、人間の存在と共に交換行為があった限り、「前近代」のそれが単に平和なユートピア的営み一色であったはずがない。逆に、近代以前の人間の生活が、「動物的」な弱肉強食の生存競争――万人の万人による闘争――ばかりであったはずもない。

■人と人との社交（社会）の範囲は、国家の関与しうる範囲よりも常に広い。「社会」＞「国家」となる。

とすれば、多元的で偶発的な分配の問題は、国家による再分配の問題を論じつくしても、なおその先に残る。しばしば分配の問題は国家論に限定される。その上で肯定されたり否定される。でも原理的には、分配は人と人との社会的交通のレベル、つまり交換／流通／貿易のレベルで考えられる。

仮に国民国家の国境を超える「世界政府論」――国際連合（国家の集合）の先に――を、つまり世界レベルでの再分配の可能性を主張するとしても、その先にもなお資本の問題は残る、そして交換／流通／貿易の問題は残る。むしろ対等な――と仮定される――「人間」のみが存在を許される共同体の内部では、分配的交換の場は、本当のクリティカル・スペースにならない。すべての事柄はマーケット上の対等な交換、互い互いに利益を得る互恵的な交換（プラス・サム・ゲーム）で片付けられる。これとは逆に、分配的交換は、共同体と共同体（外国）の《間》に関わる。そして、「人間」と《弱者》＝「非人間（とされたもの）」――障害者・子どもなど――との《関係》に関わる。つまり問いは、真の（同じ共同性を前提としない形での）平等とは何かに関わる。

■分配的交換の他者とは誰か？

外国人、子ども、障害者をイメージする――より騙しやすく収奪しやすい他者（たち）を。その多元的な存在と生活の形を。むしろ、そんな他者たちの顔に向きあう時にこそ分配的交換のアポリア——不可能性の経験——が、純粋な形で自らの飢餓や激痛と共に突きつけられる。遠い世界の他者の話だけではない。くりかえすが、分配的交換の他者とは、第三世界の他者だけではなく、国内に存在する多元的で身近な交換弱者、社会的コミュニケーション弱者をも意味する。弱者それ自体がいるのではない。交換行為（の累積）を通して、ひとの〈弱さ〉は刻々と析出されていく。これはPC（政治的正しさ）的な自己批判・弱者競争の消耗戦的インフレともやや違う。

たとえば、フェア・トレードの問題を考えることは、先進国の余裕から来るきれいごとや罪悪感の隠蔽ではなく、自分が現に生きるありふれた《日常》がどんな複雑な基盤と交換行為の上に成り立っているのか、それを問う批判的視座を日常生活に即して見出すことでしかない。分配的交換の他者とは、最も買い叩かれているがゆえにさらに買い叩かれる他者、最も売り叩かれているがゆえにさらに売り叩かれる他者だ。しかし、それこそがただの他者、エレメンタルな他者と言える。

ぼくらはこの分配——他者の存在の肯定——の問題を、ヒューマニズム（生活的余裕の産物）や宗教的拝受や原始共同体への郷愁に訴えることなく、原理的に考え抜きたい。

■時おり誤解されるが、人の「平等」とは何かが「同一」であることではない。平等化と同一化は混在するが基本的に違う。そもそも論じる人ごとにまったく平等の定義は異なる。自由と平等は（自由権と社会権は）直ちに対立しない。一つの自由と別の自由、一つの平等と別の平等の対立がある。現実には、それだけと言う他にない。よくある誤解とは異なり、リバタリアンは——あらゆる平等に反対する平等廃絶論者ではなく——機会の平等だけを平等と主張する、「狭い」「固い」平等論者と言える。

平等論の教科書的著作をわずかでも本気で学べば、機会均等論だけではすまないことがすぐにわかる。たとえば一九七〇年代以降の第二波フェミニズムは、その欺瞞と増長を完膚なきまでに叩き潰してきた。実際、機会平等論者はフェミニズムへの感度が恥ずかしいほど貧弱な場合が多い。このアイロニーは必ず自分の胸元にはね返ってくる。ゆえに、不十分な平等主義——悪平等や生活保守エゴ——を批判的に叩くためにこそ、平等という原則のポテンシャルを一層あます所なく、ラディカルに推し進めたい。

平等とはむしろ、存在の多元性・偶然性を当たり前に擁護するためのグッズ面・ポテンシャル面での条件と言うべきものだ。

■バブル状態や一定の経済成長が維持される時、労働と平等をめぐる矛盾やクレヴァスは、人々の目には見えなくなる。「いろいろな矛盾はあるけれど、すべては経済成長が解決してくれる。」高度成長型の《平等》はこうして仮構される。でも亀裂や格差は見えにくいだけで、存在しないわけではない。

なぜなら戦後民主主義型の平等は、対外的には対米従属パラサイト構造のもとアジア各国への経済的侵略と奴隷化を地盤とし、国内的には女性だけではなく、外国人や障害者や在日・アイヌ・沖縄の人々達へのざんこくな排除を——無意識に——拡大再生産してきたから。高度成長下の一国主義的な平等主義は、たとえば、一九八〇年代のバブリーな「消費」ブームによる平等幻想（自由にお金を使える消費者の自由）等へと一見豪奢に、味気なく結実した。それに関しては無数の議論が死体の山のように積み重ねられて来た。これも他人事ではない。主に一九六五年以降に生まれたフリーター第一世代以降のぼくらもまた、一九八〇年〜九〇年代初頭の消費バブルの恩恵と遺産から、自分たちの骨肉を形作って来た。たっぷりと高カロリーの栄養や住居を与えられて来た（最後に残る家族福祉への依存体質）。

すると必要なのは、好況とバブルの中の平等ではない。不況期の下でも己を貫ける平等の現実性を考える。自分と他者の平等（対等な自由）を願うことが同時に自分の足場をほり崩し、餓えを招き、生存を確実に苦しめ脅かす場で、なおかつ、平等の継続と繁茂を根もとから考える。

■平等の原則には、よく言われる難しさが亡霊的につきまとい続ける。一つの「平等」は、常にその外側に「平等に取扱われない」他者（たち）を生み出す。

平等論こそが不平等を析出しこれを培養する。

このアポリアをどう処するか。この暗部をくぐらない平等論は何をもまともに述べられない。単に、別の平等論との利権の奪い合い（こちらの平等の方が大事だ！正しい！）に転ずる。当り前のようだがそれゆえにもっとも難しいアポリア、論理ではなく現実の生の混沌が強いるアポリアだ。

もちろん、神でも悪魔でもないただの人間であるぼくらは、偶然的に多元決定される現実の折衝と渦中の中では、一つのエレメントにおける同質的な「平等」をまず暫定的＝議論的に他者へ向けて主張する他にない。そこからしか始めようがない。すると正確には、一つの平等の主張が単なる利権要求と私有地の囲い込みに終わらないためには、一つの同質的な平等を主張すると同時にその平等が不可避に陥る「不平等＝排除」を――別のエレメント＝光源に照らして――自己吟味し、平等の多元性をより複雑でわけのわからないものとしていく他にない。

　いや、ある境位での平等は絶対に必要で大事なものだが、それがその絶対性にとどまる限り、現実の偶然性＝多元性の中では、別の他者の絶対に譲れない大切なもの、生活の枢軸を損傷する。「男（たち）」の間の多事争論だけではなく、〈女〉〈障害者〉〈子ども〉〈外国人〉〈動物〉、それらすべての存在たちによる継続的な対話＝抗戦の過程を通して、はじめてこの《平等》という根源的な場のポテンシャルは重層的に響く。

　そして地殻変動を重ね、ずれを含んで多層化されていく《平等》の場を通して、はじめて個々人の唯一的な〈女性性〉や〈弱さ〉〈動物性〉〈異郷性〉が濾過＝析出されていく。

　ラディカルでありふれた《平等》の厚み（超越論性）は、ぼくらが常に立ち返ったほうがよい汲み尽せない原液として、それら無数の「たまたま」とは別の場所にいつも水脈的にひろがっている。

■たとえばAとBという二人の人物にとって、ある水準での「結果」（経済面や住環境、教育など）がほぼ同じであっても、彼らの平等がほぼ実現されたとは言えない。仮に同じ生活財を分配し与えられても、たとえば健常者と重篤な障害者は、同じ水準（質ではない）の生活を継続的に生きられるとは簡単には言えない。

　世に蔓延する機会平等論の欺瞞＝押し付けと自己絶対化を根こそぎにするため、あるレベルで、結果の平等の大切さを強力に主張する。これは大切だ。この水準にとどまって議論すべき事柄は山ほどあるし、今後も人が人であり続ける限りは永久に残る。

　でもその先で、それだけではない、と言い切ったほうがよい――目に見える結果や財がそれゆえに見えなくする《格差》、残虐とさえ周囲に気づかせない無血の残虐があり続ける限りは。

　平等の大切さを主張するがゆえに、自分の平等感覚が届かない盲点・暗部を、常に多元的に懐疑し続ける。その先に、生活の多元的平等という地平を、間違いや誤解を重ねながらひらいていく。押しあげていく。誰かを批判するためでも、自己批判のためでもない。確かにそれはあるが、それだけではない。自己を含め、すべての他者の存在をよりよく生かし、輝かせるためだ。何か絶対に正しい平等論があるわけではない。この単純な事実が時に忘れられる。ただ、現にある「平等」から除外された存在たちの多元的な討議／抗戦／沈黙の過程を通じて、〈平等〉をよりよく押しひろげていく動きがあるだけだ。

■ラディカルな平等の理念は、「平等のものが平等に取扱われるということだけではなく、その不可避な帰結として、平等でないものをこそ平等に取扱おうとする」と。その本質的な駆動のモーターは異質性と多元性であり、到底受け容れられぬ異質的なものをこそ歓待し、どんな条件や見返りもない純粋な贈与を肯定し、他者の絶対的な受容を欲動する――そこに生じる相互的な抗争や出血や暴力や死の可能性を含めて、と。

実際、リベラリズムの源流には、一七世紀の宗教的寛容という原理的葛藤の問題、余裕のある時にさして自分に重要ではない価値観を受け容れることではなく、魂と生存のレベルで真に受け容れがたい価値観をどう受け容れ、共存し、ぎりぎりの折り合いをつけていくか、という《寛容》の不可能性の問題があった（土屋恵一郎『正義論／自由論』第五章）。

■哲学者のジャック・デリダは「贈与」の謎に関してこう書いた（「時間を――与える」、『死を与える』）。贈与が真実の贈与であるためには、受け手の側が何かを贈られたと気付いてはならないし、贈り手の側も何かを他者に贈ったと感じてはならない。なぜなら、受け手にそう意識された瞬間に「負債」の感覚が生じ、贈与は純粋な贈与ではなくなってしまう――つまり負債と返済という象徴的交換のエコノミー（円環）に回収されてしまう――から。その限りで贈与の経験とは、不可能なのではなく、「不可能性の経験」なのだと。

《寛容》に関しても同じことが言える。

つまり、寛容が真実の寛容であるためには、受け容れられた側が何かを受け容れられたと気付いてはならないし、受容側も何かを他者のために譲ったと感じてはならない、その意味でそれは「不可能性の経験」なのだ、と。一片の同情も痛みもない寛容こそが真実の寛容となる。

それを踏まえた上で、こう言おう――

【単純に、すべてを乱雑に巻き込み煮込んで、ふくざつな連なりの先のさきで、身体／知的／精神／難病／発達障害／ボーダーなど、各種の障害者はもっともっと――テクノロジー・医療技術の高度化と、技術や情報の独占を排した公正な情報開示による市民化のレベルに応じて――無数に世に生れ落ち、街頭を虹色の空気みたいに溢れ出るべきだし、高齢者は今以上に激烈に生き延びて増殖し、社会の超高齢化を余すところなく押し進めそのポテンシャルを沸点を超えて高めるべきであり、各地の外国人労働者や移民や難民たちは国内へ向け、曖昧な「島国」の蜃気楼と虚像を引き裂き、沸々と泡立つ濁流のごとく押し寄せるべきだ】と。

たとえその結果、ぼくらの生活水準がさらに低下し、未来への不安や重苦しさが増水しても、いやまさにそれゆえに、と。存在のありきたりの平等と各人の多様な自由のために、と。

第Ⅱ部　未来へ――Kさんへの手紙

Kさん

『フリーターにとって「自由」とは何か』への感想の手紙、ありがとう！

最初にガッカリさせる（?かも知れない）ことを書きます。ぼくにはあなたの人生のタメになる話はほとんどできない。正直、自分の生活で手一杯だしね。自分が来年どうなっているかさえ、ちっともわからない。だから偉そうに人に教えられることなんて皆無なんです、ほんとはね。

その上で、現時点でぼくが予感と共に考えることを、あなたの真剣な質問や焦慮や疑念にうまく答えられるかわからないけど、この手紙では書いてみます。むしろ、「この役立たず！」と批判的な形で何かの「参考」になれば、という（出会い損ねの）可能性に賭けてみようか。

当初ぼくは、この『フリーターにとって「自由」とは何か』では、後半部として「個別実践論」を構想していました。

I部の現状分析を踏まえた先で、現在のフリーターたちが強いられた「問題」へのオルタナティヴ・対案を示したいと思っていた。

それで共同組合／労働組合／ワークシェア／起業ムーブメント／NPO法人／社会的起業／地域通貨／フェア・トレード…などに関して、まったく不十分だけど、あれこれ調べていました。

でも、アタマを悩ませながら、今の自分には残念だけどまだそれは書けない、とある時点で気づいたんです。

うん、漠然としたイメージはあるんだけどね。でも、それをやり抜くには、まだこの先何年もかかるでしょう。知識も経験も貯金も足りないし…。自分が手を染めてもないことを、さかしげに述べるのはオカシイ。その手の無責任なアジテーターは多いけどね。

ただ、その時も、もう一つのポイントについて、ずっと考えていました。

現状を批判的に捉えるための何か基本的な倫理感覚（?:みたいなもの）を、ロジカルでしかも強力な言葉で、他者へ示すにはどうすればいいのか?


突然だけど、たぶん、今のぼくらに必要なのは、二〇年・三〇年後の自分たちの生活を常に考えながら、今現在の生のあり方を考え直す、捉え直すことだと思うんだけど、Kさんはどう?

たとえば、社会学者のウォーラーステインという人は、現在を、一六世紀以来続いてきた近代世界システム（資本主義世界経済）が終焉を迎える前夜の過渡期と考え、「二〇五〇年の世界は私たちが作る世界となるだろう」と予測しているんだけど。

私たちは、現存の世界システムつまり資本主義経済から別の世界システムあるいは諸システムへの過渡期に生きている。それが良い方向へ行くか、悪い方向へ行くかはわからない。あと五〇年経った時点で、どちらへ行くかは、そこにたどり着くまでわからないだろう。（略）
実際に私たちが現存の世界システムからもう一つのシステムへ、あるいはその他の幾つかのシステムへの長期的で困難な転移《トランジション》の途上にあるとしたら、そしてもしもその結果が不確定であるとすれば、私たちは二つの大きな課題に直面していることになる。第一に、実際にどのような世界を望むか。第二に、どのような手段で、あるいはどのような過程で、そこにうまく到達できるのか。

（『ユートピスティクス』）

二〇五〇年の世界は私たちが作る——。

しかも、「諸システムが正常に機能している時には構造的な決定論が個人・集団の自由意志に勝るが、危機と転移の時代には、自由意志の要因が中心になる」。どうでしょう。一見あんまり壮大なウォーラーステインの話に、今のぼくは不思議なユーモアを感じるんだけどね。このことは、うん、あとでまた書こう。

そのことをどこかで踏まえた上で、現状と未来のくらい話をしましょう。

失業率とは、ものすごく単純化していうと、必要なイスの絶対数が足りないこと（その率）でした。もちろん、Kさんのようなフリーターは「失業者」じゃない。ただ、この事実が逆に《現実》を見えなくしている面もあって、実質「正規職員」のイスはやはり足りないわけです。全員ぶんの十分な賃金は払えない。だから安くすむイス＝ポストが沢山つくり出されている。アルバイト／パート／日雇い…。フリーターとは、日本型の「正規職員」と「完全失業者／非業者」のハザマに落ち込んでしまった人々のことなんだろうね。そして、今後ますますこの傾向は強まっていくでしょう。すると、当たり前すぎて今さらなんだけど、現実を現在のまま放置しておくと、ちょっとヤバイ。まずこう考える。

これに対抗する方法は、シンプルに考えると二つあります。互いにつながっているんだけどね。

①イスの数を増やすこと。つまり新たな「起業」の促進。
②労働者の間でイスを公正に分配すること。つまりワークシェアリング。

①について。
フリーター層に向けて「雇用を創出するため起業せよ」「自分で自分のボスになれ」と煽《あお》る論者は、割といます。本屋でよく見るでしょ、最近。自主的な雇用創出《ジョブクリエイション》だけじゃない。賃労働という「関係」（雇用者‐被雇用者）を前提にする限り、給与や待遇の相対的な増減にかかわらず、被雇用者は決して従属的な位置を拒めない。であるなら、自分で自分のボスになること、道はそれしかないようにも見える……。


ただ、そんなにわかりやすい話でもないんじゃないかな。

『アントレ』って雑誌を知ってる？　独立／開業／起業をめざす人のための応援雑誌なんだけど。この雑誌の購読者には、起業したい人が当然多いんだろうけど、その中の多くの人が「起業したいけど、どんな仕事で起業したいかはわからない」ってタイプなんだって。わかる？　なんか不思議な話でしょ？

まず、日本はそもそも起業のしにくい社会だ、失敗しやすい、という重たい事実があります。一九八〇年代から九〇年代にかけて、日本では三〇代から四〇代の働き盛りで自営業者になろうとする人が極端に減っている、特に女性はそう――多くの先進諸国では営業者数は増加傾向にあるのに。

この流れを受けてか、近年の行政は起業促進にやっきになっている。二〇〇三年二月に「中小企業挑戦支援法」をスタートさせ、資本金一円でも会社を起こせるようにし、さらに現行の「設立後五年以内に資本金（株式会社で一〇〇〇万円、有限会社で三〇〇万円）を規定額まで積み増やさねばならない」という枠も、二〇〇六年施行予定の「新会社法」では外し、一円起業を恒常化し増資義務も消そうとしている。でも、この急ピッチの起業促進がどこまで日本の実社会に根づきうるのかは、今はまだわかりません。

ほかの問題もある。

ある人が起業して有限・株式会社などの経営者になれば、その人は「脱」フリーターに成功したわけだよね。でも、その人の目指す起業が、単に従来の賃労働とは異なる労働の場――たとえば協同組合やNPO法人――であったなら、依然としてフリーター的生存の問題は残り続ける。必要なのは、単に雇用を創出し促進するだけじゃなく、「別の」労働のスタイル、「別の」協同の場をつくっていくことの方だから。そうじゃないと、単なる「勝ち組フリーター」と「負け組フリーター」の再生産に終わってしまう。

そこでたとえば、②の観点が導き入れられる。

そもそも、ぼくらがのぞんでいたものは、自分の生活の安定それ自体だっけ？　いや、それは絶対欲しいよ、心の底から。そんな欲求の切実さを欠いた理想論なんて、すごく空疎だ。

でもそれゆえに、ぼくらはその心からの欲求だけにもとどまらない。とどまるな！　そう告げる内部の声が、現状へのさざ波みたいな違和がかすかに響く。その先で、そうだ、やはり自分たちだけじゃ駄目なんだ！　と内臓で納得する、別の苦境へ落ち込んだ他の人々もまた人生をやり直せる、再出発＝脱落復帰できる、そうだ！　と腑に落ちていく…。相対的な賃金の増減が人々の幸不幸をそのまま決定するなら、ぼくらは資本と賃労働への深い従属と依存を永久に断ち切れないから。もちろんこれはお金が大事じゃないなんて話じゃ全然ないよ。Kさんなら、ぼくの経済事情のことはよく知ってると思うけど。

ワークシェアとは、これも単純に言えば、仕事をみんなで分配することです。仕事のイスが足りない（正確に言えば既得権的に偏重している）。仕事がないと生活に困る人がいる。だからみんなで分ける。しかも同時に、男女の生活格差、賃労働とアンペイドワーク（家事・子育てなど）の格差もシェイクし、改善する。

Kさんも知っていると思うけれど、オランダでは、ヨーロッパの中でも最も上手くワークシェアリングが行き渡って、一九八〇年代に三〇万人の雇用が新たに生まれたと言われます。その結果、失業率は二％台へ改善されました。「オランダの奇跡」とも呼ばれる。すごい話だなあって素朴に思います。まあ最近は、当然だけど、オランダ型ワークシェアにもさまざまな批判・異論があるけどね。思ったより男女の格差是正が進んでいない、とか。またワークシェアはオランダの慣習・制度と深く結びついているから、他の国が直ちにそれを真似できない、とも。事実、日本の場合、二〇〇二年に政府・連合・日経連による検討会議が行われたものの、いまのところ、ワークシェアリングが社会の中に根付く様子はまったくありません（草の根レベルではやや違う気がしますが）。

それだけではなく、ワークシェアという考え方そのものに、次の問題点がある。

フリーターの立場から考えてみると——

①フリーターの立場の改善は、より劣悪な労働環境におかれた日雇労働者／野宿者／障害者などへは及ばないのではないか、

②ワークシェアリングは、経済先進国「日本」の国内での分配の問題でしかなくて、南北問題や第三世界の労働者の問題が無視されないか。

ナイーブすぎるって思った？

でもさ、いま案外大事なもの、譲れないものは、そういうナイーブな感触をもう一度リアルに考え抜くことじゃないかな。ありふれた「よさ」の感覚を、ぼくらが強いられた屈託やねじれと共に、もう一度点検して取り返す。ことをわざわざ難しく捉える必要はない。効率性じゃなくて、生活の真の「かんたんさ」があるって痛感する、それにこしたことはないって。

つまりぼくは、これもシンプルに、①②だけにとどまらず（これを少しだけ越えて）、ワークシェアの原理をそのままおしひろげるほうがいいって思う。ワークシェアで言う「シェア」を、単に正社員とアルバイト労働者の間だけでなく、国内のより底辺に居る労働者達（野宿者や外国籍労働者や障害者や高年齢層）や、第三世界の労働者との間でも考える。それだけ。かんたんでしょ？　くりかえすけど、もともとワークシェアは、男性と女性の間の雇用格差、賃労働とアンペイドワークの分断を改善する意図を強く持っていたんだ。たんなる雇用《ジョブ》の分配だけではない。ライフスタイルそのものの改善を抜きに、単に賃金格差の改善だけを求めてしまえば、ワークシェアの原理はそのコアを見失って、ぐにゃぐにゃに骨抜きになってしまう。このことをきちんと考えないと、やっぱりダメみたい。

たとえば、フェア・トレードのこと。

「北」の消費者と「南」の生産者が、多国籍企業が支配する従来のルートを介さずに、直接的・持続的なやり方で――「不平等な自由貿易」(デイヴィッド・ランサム)とは別のやり方で――公平な条件で取引を行う…。教科書どおりにいえば、そういうこと。

あなたは「高級住宅などに高級なフェア・トレード・ショップがあり富者がベンツとかで買い物に来る」って言っていたけど、やっぱりそれだけじゃないって思うんだよ。もちろん「ヨーロッパ型グローバリゼーションの変種だ」「ニッチ産業にすぎない」云々の批判もあるけど、フェア・トレードは、そのポテンシャルを見れば、先進諸国と第三世界の間でのワークシェアリングの一環たりうるんじゃないかな。分配もまた交換の一つの形だろう。「別の」交換のスタイルをひらく必要がある。行政の雇用政策だけに期待するのは、実は危うい。特定の何かに過剰に依存してしまうから。だから、多元的・複数的な《支援》のルートを切りひらいていく――その試み自体が異分野へのコミットにもなる。いま働く障害者福祉のNPO法人の現場を見ても、強くそう感じる。

マリア・ミースという人が、性別分業(男性の賃労働と女性の不払労働の分業、正確には前者のための後者の搾取)と国際分業(消費と生産の分断、正確には前者のための後者の搾取)が深い構造的つながりを持つことを述べ、それらが克服されねばならないと述べています。この引用個所はとても濃厚な意味と含蓄を含んでいるから、熟読してね。

しかし、もし女たちに国際分業と性別分業による境界、途上国と先進国における商品生産とマーケティングによる境界を越える用意があるならば、あるいは自給自足経済の原則を受け入れるならば、あるいはまた、第三世界で輸出志向の生産に代えて人々のニーズに合わせた生産を行う用意があるならば、一方の女たちの勝利が他方の女たちの敗北にならないようなかたちで、地球の両側の女性たちのたたかいを結びつけることができるだろう。それが可能になるのは、たとえば土地とサブシステンス生産の管理を求める第三世界の女たちのたたかい――往々にして国内外の企業の利益と結びついた自国の男性の利益とたたかうことになる――が、先進諸国における消費者のボイコットから支援される場合である。（『国際分業と女性――進行する主婦化』）

「北」の消費と「南」の生産の分断と搾取を、ポジティヴな形で克服＝揚棄しうる関係――フェアな交換の継続――を生み出すこと。逆に言うと、国内の性別分業＝男女格差の問題（フリーター問題の中核に女性労働問題があることは何度も述べました！）を「克服」するためには、諸外国の他者たちとの交換（貿易）を通じて、何らかの形で国際分業の問題を「克服」していかなきゃならないことにもならないかな？　ぼくら一介の底辺労働者には壮大すぎる話ではあるんだけど…。それにフェア・トレードの現実を美化するわけでもないけど。

マリア・ミースは、一方で「北」の先進国に「自給自足経済」を導入した方がいい、と述べます。これはそれらの国が生産活動を自給的に担う可能性を示している（ミースは、マルコム・コードウェルという人の、イギリスには耕作できる土地があるし、現在の人口であれば、食糧とエネルギーの自給が可能だ、他のヨーロッパ諸国でも北アメリカでも同様に可能だろう、という研究を紹介している）。また他方で、「南」に住む「人々のニーズ」を本当の意味で――先進国的な開発援助や価値観をむりやり押し付ける形ではなく――満たす状況をつくるべきだとも述べます。これはそれらの国に消費活動の選択肢と多彩さをひらく可能性を示している。

先進国の「消費者」は、一方ではボイコット（資本制企業の商品を買わないこと）によって、他方ではフェア・トレード的交換（第三世界の商品を積極的に買うこと）によって、「南」の生産者たち・生産者協同組合と、継続的にフェアなルートを生み出していける、というんです――しかも「一方の女たちの勝利が他方の女たちの敗北にならないようなかたちで」。

でも、そもそもフェア・トレードの「フェア」とは何なのかな？

このことは、第三世界の他者だけではなく、低賃金を強いられる国内の障害者雇用や、共同作業所や授産施設（障害者などが自主製品の製作、下請活動などを安い工賃で行う場）の問題へもつながっている。今後は時間をかけて、あれこれそんなことを考えてみたいって思うんだ。

さて。

①と②と同時に、ぼくけ、次のことを最近はますます強く考える③。

すごく素朴なこと。

今後はアルバイト身分の人がアルバイト身分のまま持続的に生活し食べられる環境と条件を、ぼくたち、あなたたちが当事者の意志でつくっていかないといけないんじゃないか？　って。その中で、各労働者の賃金格差だけじゃなく、仕事格差（スキル格差・情報格差）の問題や社会保障の不十分さを少しでも改善しないと…。なぜかな。

フリーター身分にい続けるべきだ、フリーターこそが自由な労働者だ、という意味じゃないんだよ。あなたも強い疑問を述べていたよね、フリーターでいる事実を絶対化するような人々への違和感を。「正社員」の既得権死守と「フリーター」の居直り（特に親へのパラサイト型）、この二つへの違和感を継続的につきつけたいって。たとえば今の自分の仕事で一〇年をかけて技術や知識を高め、正社員を目指す。できれば将来は自力で事業所を立ち上げ、独立自営でやっていきたい。多くのアルバイト身分の人は各々の文脈でそう考えている。ぼくもそう考えてるけどね。でも、努力してもとどかない人々が今も昔も無数にいる、いるだけじゃなくって、時が経つに連れ急斜面をなだれ落ちるみたいに増加し続ける——という話です。

だからハッキリ言わなきゃいけない、ぼくらは一生フリーターでも生きていける、

そのための、現実的な条件やアイディアをしつこく模索したいって思う。

それには個々の自助努力だけでは足りない。単独の発言では足りない。社会的な勢力や十分なコンセンサスにならないしね。現在すでに三〇〇万人から五〇〇万人を超えると言われるフリーター階層の人々が、自分たちを能動的に「階層」として意識=自覚していく——そしてその先で「他の」マイノリティ層の人々とつながっていく——持続的な運動とアクションが、やはり不可欠じゃないかな？

そのためには、今までの企業別組合とは異なる、青年なら誰でも入れるネットワーク状の労働組合が、今以上に同時多発的に必要なのかもね。労働組合に加入すれば、法律で保障された権利を情報として知りうるし、権利の実現を雇用者側へ要求する可能性もひらけるとかね。解雇規制法の制定、違法なサービス残業の根絶、労働時間の拡大などを実現するには、横断的なネットワークの中で、知識やノウハウを身につけないとどうにもならないみたい。変えるべきは、自分が働く組織内での賃金や待遇だけではなく、生活のスタイルそのものだ。

この本の中でもくりかえし書いたけれど、若年フリーター階層には、そのままでは、真の未来はないとぼくは確信している。年齢が来れば、自然に自滅するか、使い捨てられてしまうだけって。

ぼくたちは自分たちの力で、自分たちの真の「未来」をつくっていくしかないんじゃないかな。誰の力も頼れないしね。カミサマが降りてきて「いつか」助けてくれたりもしない。そんなの当り前だよね。他の誰でもなく、ぼくら自身の人生なんだから。

「当事者が常に正しい」という絶対化とは別の形で、状況は当事者が変えるしかない。自分を変えたい！　変わりたい！　魂でそう祈る切迫感のない人は、経験の量にかかわらず、本質的に変われない。自分を変えられなければ、現実や制度の何ものをも変えられない。違うかな。このことに特別な近道はないとも思う。この世に「なんとなくどうにかなる」ことはない限りはね。もちろん、現実は常に重苦しく過酷なものだし、何ひとつ甘く見られやしないんだけど…。

でもさ、素朴にこう感じるんだよ、フリーター階層の人々は本当はもっと怒っていい、臓腑を焼かれ怒りに身悶えして構わない、そしてその《怒り》を社会の方へ投げつけていい、って。心からそう思うんだよ。なぜぼくらは怒りを投げつけられないんだろう？　毎日毎日、疲弊と不安の水底で消耗し続けるだけなんだろう？　状況がひどいんじゃない、この状況のひどさに気づきもせず、本気で怒ることさえできないことが「ひどい」んだ。ぼくはまずこの無感覚な「なんとなく」の皮膜を切り裂いて、あなたたちの「本当の声」を、本当の怒りや呻《うめ》き声を聞きたいって思うんだ。

正直、ぼくのこのフリーター論は、まだまだ冷徹なざんこくさが足りなくて、事実のうわ澄みをすくっただけで、現状も未来もはるかに過酷で陰惨ではないか（どうでしょうか、Kさん？）、希望や変革を語るには——遠慮がちで消極的な形でさえ——まだ早すぎるのではないかという気もする。

実際、ぼくらの周囲には、偽りの希望や「麻薬物質」が溢れすぎている。ぼくら自身、その繁茂に加担し、何かを一層ひどくさせている。身体にも大地にも、本当は苦しみから解放されねばならない人々の肉と魂をこそ苦しめる種類の毒物が蓄積されていく。こんな不安がり方自体が、あなたたちから見れば甘っちょろくも自業自得なのかも知れないけれど…。

それと、ぼくは一九七五年生れだから、Kさんやその同年代の人々よりも半周りほど年上なわけで、この六、七年前後の世代差が、実は結構大きいかな？　一口に「若年労働層」と言っても、一九八〇年前後以降に生れた人とぼくらとでは、労働や生の感覚がまた少し違う、と。いや、変な世代論じゃないよ。ただ、「大学へ入れば何とかなる」という高度成長とバブルの残光の中で「何となく」生きてきた人間と、中高生の頃からすでに一定のシビアな現実に直面してきた人間とでは、心構えが大分違うんじゃないかな。何せ「13歳のハローワーク」でしょ。ぼくらは今後そのツケをたっぷり支払う羽目になる、きっとね。

一〇年後のぼくらの生活は、本当にどうなっているんだろう？　Kさんはそのことをリアルに想像している？　うん。短期的な視座から、現状を真剣にみつめ分析すればする程、暗く重苦しい想像しかぼくには得られません。余裕も明るさもみるみる空気が抜け、しぼんでゆく…。

でも、他方で三〇年後の——そしてさらにもっと先の——未来に思いを寄せる時、世界は「別の」見え方をしてくるかも知れない…。

哲学者カントの有名な考え方があるんだけどね。

……私たちは歴史から、次の二つを期待していい。

第一は、歴史が人間の意志の自由にもとづく種々さまざまな働きを全体として考察すると、この自由の規則正しい発展過程を発見できるということである。

また第二には、こういう仕方によると、個々人にあっては驚くほど無規則で混乱しているように見える現実も、全人類について眺めれば、人間の本来備わっている根源的素質が、たとえ緩慢にせよ、絶えず発展している様子を知ることができるということである。（略）

世間の人々はもとより、世界の諸国民のあり方を眺めると、どの国民もほしいままに他国民に対し、また個人は個人でしばしば他人を相手に、それぞれ自分の利己的意図の実現を図っている。その場合にも、彼らは、自分では気付かずに自然の意図——これは彼らの知りえないものだ——の手引きをたよりに、歴史の歩みをすすめ、またこの意図の促進に協力していることには、ほとんど想像も及ばないのだ。もっとも彼らが、自然の意図のどんなものかを知ったところで、これには少しも関心を持たないだろうが。

（「世界公民的見地における一般史の構想」）

希望は今のぼくらの胸の中にはないかも知れない。それはきっとたとえば三〇年後の誰かの懐《ふところ》でやっとうすく輝くもの。でもそのことが、現在の夜を生きるぼくらの希望のカケラ、微光にはなる——かも知れない。自分らの現在を肯定し幸福を探ることにつながる。それをどこかで想って、今現在の社会を淡々と変え、地道に積み重ね、何かをつくっていく。基本的にはそれしかないよって痛感する。

Kさん、この場でぼくはあなたたちに呼びかけたいのかな、こんな混乱や夜や重苦しさの中で生きなきゃいけないことを、共に苦しみ、共に喜びましょう、ってね。ぼくらは自分の生き方について根本的に考え直し、考え始めることを、現実の側から多重奏的に強いられているんだから。安定した（と思い込める余裕のある）生には、そんなポテンシャルはまったくなくはない？

最後に。

「結局『フリーターにとって「自由」とは何か』を読み終えても、最後まで「自由」が何かわからない、それがはっきり書かれていない」というあなたの質問について。

正直、それは語りえないことだって今は思うんだ。

あなたが結局はどんな道を進むべきなのか。それはぼくの口からは何とも言えないんだな、当然だけど。あなたが自分の意志で決めることだから。「自由」についても同じ。それは結局、あなたが自分の人生の全体を通して血肉化し、気の遠くなるような時間の試練の中で勝ち取っていくしかないものです、ぼくがぼくの人生の全体を通してそうするように。

確かにぼくは、今回のフリーター論で《自由》のありかを積極的な形では示せなかった。ただ、それを今後勝ち取っていくための《条件》を、少しだけ示せたかも知れない——自分自身に対して！

長くなりました。またメールなり感想なり貰えればありがたく思います。じゃあね、元気で。

——ともによい人生を！

第Ⅲ部　フリーターに関する二〇のテーゼ

【1】日本型のフリーター労働者は、ある種の「階層」である。

【2】一九八〇年頃から、国際的に若年不安定労働層が大量に生み出され、今も増加し続けている。

日本型フリーターは、働きながら潜在的には永続的な失業状態にある。フリーター／ニート／ひきこもり／不登校者／野宿者…は、社会構造上はごく近いポジションにある。フリーターの数は、資本と国家の流れに従う限り、今後も確実に増え続ける。この流れは、放っておいては食い止められない。

【3】若年労働者は今後間違いなく、一部の「勝ち組」と大多数の「負け組」へと二極化してゆく。

それだけではない。フリーターの内側にも「勝ち組」と「負け組」が分岐する。資本・多国籍企業・国家の側は、意図的にこの二極化の流れを推し進めている。

【4】フリーターの一定部分は、このままでは野宿生活者化するだろう。

現時点でフリーターが野宿生活に「転落」せずに済むのは、その多くが自分の若さを売りにできるか、親へ住居・生活財を持続的に依存できるからだ。しかし、時間が経てばこの二つの安全ネット、「若さ」も「親」も消える。その時、フリーター層はその裸の姿をむき出すことになる。

【5】しかし、フリーターは真の「最下層」ではない。

最悪なのは常に自分たちの経済生活ではない。よりひさんなのは常に別の他者の側だ。さらに、フリーターは時代の無垢な「被害者」ではない。自業自得の面がある。フリーター階層もまた別の誰か——

より弱い立場の誰か――の生活を収奪している。そんな加害感覚に生理的に苦しまない限り、私たちは誇大な被害者意識から逃れられない。そのことでむしろ、より弱い別の他者の生存を損ね、収奪に加担してしまう。

【6】「フリーターは諸悪の根源だ」的な悪罵と非難は、今後も世論の中で醜悪にふくれあがるだろう。

たたかいのラインは経済・労働面だけではなく、メディア・イメージの水準にも引かれる。フリーターの非正規な働き方は、非国民性のあらわれと見なされる。正規雇用者たち（とその家族）がフリーターをことさら憎悪し恐怖するのは、むしろ、彼ら自身の生活と存在が正当な根を欠くこと、何の根拠もないことの裏返しであり、投影でしかない。つまり、問い（課題）は分有されている。

【7】フリーター問題の根もとには、女性労働者の問題がある。

フリーターの反対語は、高度成長期型の「男性正社員」だ。男性正職員を長期安定的に年功処遇し、その妻は専業主婦かパート労働者とする。法律や税制がこれを支える。企業の雇用の形が、そのまま、戦後型の「家族」の形を決定する。するとフリーターは、大企業からも戦後型家族からも生活面で疎外される。

【8】考えるべきなのは、賃金格差や社会保障の格差だけでなく、仕事内容の格差――そこから生じる未来の衣食住の決定的格差――である。

【9】若年層に関する限り、正職員かフリーターかという対立は、ニセの対立にすぎない。

両者は構造的に同じコインの裏表にすぎない。偶然の状況＝「たまたま」に応じて簡単にひっくり返る。相互に批判し敵対することで、いたずらに魂を消耗し、憎悪や愚痴を深める。私たちはニセの「対立」を破砕し、本当にたたかうべき《敵対者》を見出さねばならない。

【10】統計的に、フリーターに陥りやすい層、フリーターからなかなか抜け出せない層がある。

（「日本人」に限っても）女性、より年齢が低い人々、学校中途退学者、親の家計の豊かでない――塾費用や進学費用がまかなえない――人々などである。

【11】若年層の多くは、今のところ両親に経済－生活財的にパラサイトし続けている。このことを自己検証的にえぐり出さないフリーター論は、意味をなさない。

その上で、同時に、高度成長期の恩恵を享受しえた世代の既得権死守を十分に疑うべきだ。とりあえず「若年世代」対「既得権益世代」の間に敵対性のライン、攻防線を引く。

【12】だが「若年労働層」も「既得権益層」も共に、自分たち以外の他者が強いられた生存の問題を真剣に考えてはいない。

それは容易に「自分たちだけよければいい」という生活保守、そこそこの消費と安楽の維持を望む身内主義に陥る。フリーター層の場合、それは両親へのパラサイトとしてあらわれやすい。たとえば未来に生れる《子ども》の生命を、目の前に無限に存在する《弱者》のことを、誰が真剣に考えているか。

【13】現在の若年フリーター集団の多くは、他のマイノリティ集団（たとえば外国人労働者／障害者／野宿者／…）たちの生活と存在から遠く離れ、断絶し、孤立している。

【14】それだけではない——一つのフリーター「階層」としての自覚を、当事者達が分有することも少なく、実質的に同じ底辺労働層に属するのに、互いに曖昧に切り離され、孤立した生存を続けている（属性は共有するが課題は共有できない）。

正確に言うと、真の意味での「個人」になるチャンスを逃し、漠然たる群れとして癒着し、行政や識者やメディアから《フリーター》という柵で囲われ、無秩序にうごめいている。しかし、常識とは逆に、他者との持続的なネットワーク化の先に、ようやく真の「個人＝ひとり」は削り出される。「ひとり」で地に足をつけるのは、極めつきに難しい。自分たちが現に生きる「階層」の自覚と地勢図は、外から（学者やら研究者の手では）与えられない。自らの実地調査と自己検証を通じて発見され、勝ち取られる（しかもその「階層」の認識＝地図自体が、現実の多元的折衝の中で、また現に生きる〈弱者たち〉の本当の多様性に直面し、次々と変更され書き換えられていく）。

【15】ネオリベラル（新自由主義的）な価値観のもとでは経済的な貧しさは、そのまま本人の道徳的な「悪」と見なされ、自業自得とされる。

今や人々の多彩な生存は、文化的でも政治的でもなく、経済的なサバイバルの次元へと特化される。楽しむこと、よりよく生きることは「贅沢品」となる。

【16】表現や消費の自由は、むしろ、生産関係（所有の次元）の不自由や抑圧を覆い隠す。

利那的な消費活動への没入、生来の「個性」の肯定、狭隘なタコツボ的趣味への情熱過多、「愛さえあれば何もいらない」風の恋愛至上主義…これらはそのままではニセの自由、空想の自由に過ぎない。未来なき生活の過酷さが、人に空想の自由を依存症的に強いる——本人は本物の幸福を享受しているつもりなのだ！

【17】高度成長型の「労働者」や「家族」は（なくなるのではなく）変質の過程にある。

このプロセスはもっと苛烈に、ラディカルに推し進めるべきだ。だが、選択肢は三つに分岐する。①日々連続するアイデンティティ不安に耐えかね、失われた過去の安定、一層強固な生活の安定を急進的に求める。②対米従属のもと蔓延するネオリベラルの論理を受け入れ、高度に専門化された「勝ち組フリーター」の道を選ぶ。③なだれ落ちる時勢の濁流に押し流され、低賃金でフレキシブルな「負け組フリーター」へとなし崩しに転落する。

そのままでは、多くの労働者が③の底辺フリーター層の泥沼から逃れられない。重要なのは、この否定的な生存の条件を、真の「自由」へ取って変えることだ。従来とは「別の（だがありふれた）」働き方と家族関係を求める。性分業を地盤とした家族とは別の家族のスタイルを探る試みなしに、私たちは別の労働のスタイルを探ることはできない（人々が「適正生活水準」に軟着陸するだけで、社会問題のかなりの部分が自然消滅するのではないか？）。

【18】具体的なたたかいに際しては、想像上の「敵《エネミー》」と現実的な《敵対者《アドバーサリー》》を、完全に区別し続けねばならない。

私たちはニセの間違ったたたかいに没入してはならない。その時歴史の勝利者は何度でも勝ち続け、無傷で生きのび続ける。正しい《敵対者》の姿を正確に捉えるには、最高度の警戒と現実の継続的な分析を要する。いわんや、それとたたかうとなれば！

【19】極端に言えば、フリーターの生には《何もない》――少なくとも、資本や国家が要求するようなものは。

両親世代へのパラサイトという安全ネットがはぎとられた時、フリーターは真の《何もなさ》という真空に向き合うことになる。にもかかわらず、あるいはそれゆえに、一生フリーターのまま幸福に生き切ることは誰にでも可能だ。この一見不可能なテーゼを――空想から遠く離れて――長期的に実践するための条件・制度・対策を具体的に考える。資本や国家の呪縛から一定の「自由」を確保し続けるための生存の技法を見出したい。

【20】今後のたたかいの主戦場は《存在権》――生存が単に生存であり続けることを肯定する権利――をめぐるものとなるだろう。

存在を抹消し、この世からなかったことにする権力＝暴力と、それに抵抗するラディカルなエナジーの間の（見えない／むき出しの）闘争になるだろう。前者はますます陰湿に、狡猾に、だが圧倒的に勢力を高めている。消し去られていく側の存在、多元的な存在たちは、もはや黙ってすべてを放置するわけにはゆかない——フリーター階層の権利宣言、権利を勝ち取るための持続的なたたかいが不可欠となる。しかし、そのたたかいのスタイルは、何重にもねじれざるをえない。共同体道徳であれ他者倫理であれ、従来の多くの哲学は、「自分のため」か「他者のため」のどちらかしか考えて来なかった。

大切なのは、日々の労働と生存の継続を通して認識をわずかに転回、分岐させること。「自分だけよくてもダメだ」という信と共に、現状分析と未来への提言を推し進めるために、まずは一歩を踏み出してみることだ。

註

フリーターズ・フリーへ向けて

（★1） 社会的な《弱者》をめぐる難しさについてぼくらが考えるとは、グレーゾーンの難しさに継続的に関わり続けることだ、その過程で真に日常生活上、譲れないものを刻々と析出＝濾過《ろか》し、雑草的に押し上げていくことだ、と経験的に今は痛感する。

　これは「君たちは相対的な弱者であって、本物の《弱者》ではない」「君たちには泣き言を主張する資格はない」というタイプの弱者競争とは、少し違う。絶対的弱者は保障し、単なる相対的弱者は無視せよ（奴らは弱者のふりをする福祉フリーライダーだ、奴らを救済してやれば結局モラルハザードを蔓延させる）。このタイプのクリアな二元論では、グレーゾーンのわかりにくさが消されてしまう。もちろん、「あえて」「わざと」装われた弱者（フリーライダー）と強いられた弱者は、ぎりぎりの境界上で繊細に切り離さないといけないし、これが極めつきに難しくはあるのだが。

I部

（★1） 以下、「〈自殺率〉日本が先進国でトップに　WHO調査」という記事の引用。「日本の自殺者数が人口一〇万人あたりの比率に換算すると世界第一〇位で、旧ソ連・東欧圏を除く主要先進国の中では最も多いことが八日、世界保健機関（WHO）の調べでわかった。九九年の前回調査では、日本は一六・八人（九六年）で二三位だったが、今回は特に四五〜六四歳の中高年男子の自殺者数が急増した。また、世界全体の自殺者数は推計で年間約一〇〇万人に達し、「殺人や戦争の死者の総計を上回る」と指摘している。調査は、データが入手可能な九九ヶ国を対象に直近の数字を比較した。日本は二〇〇〇年で、自殺者総数三万二五一人だった。それによると、人口一〇万人あたりの「自殺率」が最も多いのはリトアニア（四四・七人、〇二年）で第二位がロシア（三八・七人、〇二年）。日本は二四・一人（男三五・二人、女一三・四人）で一〇番目。主要先進国では米国一〇・四人（〇〇年）、英国七・五人（九九年）、フランス一七・五人（九九年）、ドイツ一三・五人（〇一年）など。」

（★2）「世の中には確かに無数の偶然＝たまたまがあるが、自分が勝ち取った現在の地位だけはそうではない。」このタイプのロジックこそが、すべての既得権益者／能力主義者《メリットクラシスト》たちの脊髄を救いがたく蝕む自己勝利化の錯誤だが、「すべてのたまたま」ばかりかこの「自己勝利化」の傲慢をも等しく薄っぺらで何かが致命的に物足りないと感じさせるもの、それだけが《存在》の輝きだ（この世の無数の偶然性の波は、「生れ」「環境」「努力」どころか「能力」をも切り崩し相対化していく）。

　そして、その《存在》は、根本的に異質な組成をもつ「別の」存在との玉突き的な存在激突＝「すれ違い」の瞬間にしか、その火花と雑音をひらめかせない。

（★3）一九九〇年代初めの景気後退のあと、高校卒業予定者の求人は八分の一にまで激減した。日本型ニートには中学卒業という学歴が多く、「いったんニート状態になった後に、そこから抜け出す確率は、おそらく学歴によって異なっている」（小杉礼子編『フリーターとニート』一〇〜一三頁参照）。

（★4）日本型フリーターを、外国の若年・底辺労働層と比較する試みが必要だ。たとえばイタリアの運動家・思想家パオロ・ヴィルノは、イタリアに「マルチチュード」と呼ばれる群集的労働層（「多数的・複数的なもの」としての「ポスト・フォーディズム的労働者たち」）が登場したのは、基本的に「一九七七年の運動＝蜂起」の時点のことだった、と述べる（『マルチチュードの文法』）。ポスト・フォーディズムとは、経済の中心が、産業から情報・サービスへ変化し、従来のフォーディズム（経済の右肩上がりを前提に、大量生産・大量消費・大量廃棄を推し進める経済システム）から、小規模かつフレキシブルな投下資本を短期で回収するタイプの経済システムへと社会が移行しつつある事態を指す。

　日本のフリーターとイタリアのマルチチュードの類似性／差異を見比べると、いちいち興味深い。

　ヴィルノによると、イタリアの「七七年の運動」は、「労働学生と学生労働者」をふくむあらゆるタイプの不安定労働者によって生み出された。マルチチュードは、労働市場の流動性・便宜性を引き受け、固定的な職業・ポストに執着せず、労働／失業の曖昧さの中で生きる。ヴィルノがマルチチュードの特性と考える「不安定さ・よそ者性・気散じ・不安・シニシズム…」は、その多くが日本型フリーターにもあてはまる。しかし後者には、マルチチュード的自発性・蜂起性は――今の所は――まったく見られない。なぜだ。酒井隆史の『自由論』は、一九六八年と「現在」、イタリア型マルチチュードと日本型フリーターの、接続／分断を論じる。

（★5） ボーナスには保険料がかからない。また月給にも保険料の対象となる上限額＝標準報酬最高額が設定され、特に年金保険では上限が低い。つまり、高所得の労働者ほど、総所得に対する保険料の割合は小さい。

（★6） 当り前だけれど、一口に「障害者」と言ってもいろいろな人がいる。何かを抽象的にくくって「わかったつもり」にはなれない。障害者のすべてが無垢な「被害者」とも単純に言えない。あらゆる現実と同じく、こまやかな濃淡とグラデーションがある。もちろん、身体／知的／精神（／また三障害以外の難病など）の間に歴史的・肉体的な違いがある。さらにその各々の障害の種類・重複の状況で、明確な違いがある。その先で、個々人の個性の明確な違いがある。

ランダムにあげる。自分の親を食いものにする障害者はいる。あらゆるサービスの享受を強硬に主張し、膨大な税金を濫用する人もいる。障害者の権利運動に没入し、（同じような障害の重さの人々は働いているのに）何もかもなし崩しにする人はいる。健常者と同じ給料で働く軽度の知的障害者で、給料を趣味や性風俗に蕩尽し続ける人もいる。健常者よりはるかに劣悪な環境で、毎日厳しい労働に従事する軽度の知的障害の女の子もいる。障害者年金の下りない軽度の知的障害者で、生存のために性風俗で働く女性は無数にいる。暴力団のチンピラにならないと食べられない人もいる。…要するに、善悪や美醜も含め、本当にいろんな人がこの世にはいるだけだ。

（★7） だが本来は、パート・アルバイト労働者の場合、社会保険の加入用件は「一週間の所定労働時間が二〇時間以上、かつ、一年以上引き続き雇用されることが見込まれる場合（なお一週間の勤務が三〇時間以上なら一般被保険者として加入可能）」、雇用保険の加入用件は「その事業所の通常の労働者の労働時間・労働日数の概ね四分の三以上勤務する者」となっている。

（★8） その上で、派遣労働者と下請け工場などで働くフリーターの違いがある。後者は派遣労働法ですら守られていない。だから使用者側はいくらでも居直り的に使い捨てている。さらに下請け会社にも、孫会社・孫孫会社…という構造的分断がある。

（★9） 逆に言えば、フリーターとニートが（連続しつつも）すれ違っていく分離線は、「働きたいけど（自立的生活に十分な程）働けない」人と、「働きたくない」人の間に引かれるのかもしれない――後者の労働忌避が、前者の葛藤を擦り切れるまで貫いた限界《リミット》に生じるものだとしても。

（★10）現在の若年フリーター層は、共同体的な規範性への信頼が極端に薄く、身近な同僚や友人関係という「共同性」は信頼できるが、労働意欲を長期的に支える価値観＝動機付けを持ちえない。実際、パート・アルバイト層の過酷な労働環境が、そんな信頼崩壊をますます促し、極端な自己卑小化・自信喪失を促す。それが「未来」そのものへの根源的な不安とつながる。

（★11）マイナス評価の理由（複数回答）は、「根気がなくいつ辞めるかわからない」が七〇・七%で最も多く、「責任感がない」が五一・一%、「年齢相応の技能、知識がない」が三八・一%。

（★12）サラリーマン世帯に適用される税制として、一九六一年に所得税の配偶者控除が、一九八七年には配偶者特別控除が創設された。

いわゆる「一〇三万円の壁」とは、サラリーマンの家庭で妻が専業主婦の場合、また妻が働いている場合でもその年収が一〇三万円以下である場合、右の二つの控除、三八万円の配偶者控除と最高三八万円の特別控除が受けられることを指す。

また年金における「一三〇万円の壁」とは、一三〇万円を超えて妻が働くと、妻自身が国民年金の保険料を納める必要があるが、年収をそれ以下に抑えると、夫が支払う保険料だけで自分も基礎年金を受けられる、という仕組みを指す。

（★13）日本の介護保険制度では、家事支援（二〇〇三年の見直し後は生活支援）は、「誰でも出来る仕事」とみなされる。ゆえに、家事支援の単価は、身体介護よりも低い価格に抑えられる（障害者福祉で言えば、「移動介護／ガイドヘルパー」にもそんな傾向がある）。

これは現場の介護労働の実感と乖離する。「家事」をまともな賃労働と考えない行政や国民の思い込みがねじこまれている。

（★14）ひるがえって、素朴なところに還ればいい。生産を男性（的な労働者）が、家事労働や消費を女性（的な存在）が役割分担的に担う――という現行の高度成長期型の男女分業システムは間違っている。変えていくべきだ。大げさなことではない。日常的なアクションの地道な草の根的な積み重ねで、徐々に現実は動く。そういうものだ。どんな留保もない完全な男女共同参加型社会を、未来の理念とする。正確には、男女だけではなく、い、い、い、い、い、い、い、い、い、いどんなセクシュアリティの人であれ、普通に当り前に働きうる社会を、未来の積極的な理念にかかげる。

たかだか生理休暇や産休・育児休暇ていどが、オトコ達のつまらないプライドていどが、他者のセクシュアリティへの不慣れ故の違和感が、互いの協同や連合で乗りこえられないはずがない（このことは、別の機会に、もう一度いちばん初めから問い直したい）。

（★15）酒井隆史の言葉。「ポストフォーディズムの現在においては、**恐怖は労働の全過程につねに現前している。**周縁的労働者や失業者などといった「負け組」はもちろん、「勝ち組」もうかうかしていられない。ついこのあいだ勝ち取った特権的地位はつねに「新人」に脅かされている。周期的イノヴェーションはいまの自分の立場をつねに危うくする、ついていけなかったら終身雇用から契約社員へと格下げだ、いま手がけているプロジェクトでへまをやったらやっと獲得したポストを失うかもしれない。だがこうしたインセキュリティの恐怖、不安は、ひとをますます従属へ、ボス（システム）に愛されたいという欲求へ駆り立てる。バーコードを身に装着してトイレのような生理的欲求に費やした時間すらチェックされ賃金から削減されるような途方もない「脱組織型監視」（デヴィッド・ライアン）を耐えるようなメンタリティは、ここから生れる。そしてそれは、かつてなく（意識の上では）孤立した労働者のルサンチマンをうまく操って私たち自身の要求になる場合もあるのだ。無能・無気力の奴よりも私のほうが本当は愛されるはずだ、だから**見て［監視して］ほしい、評価してほしい、つねにチェックしてほしい、もっと詳細に探ってほしい……**というわけ。不安や恐怖はここでは、そうした状況への抵抗よりも、履歴書送り、つまり就業への準備や、絶え間のない管理への要請としてあらわれるのだ。」（『自由論』三五四頁）

（★16）たとえば、セクシュアリティについて。ゲイ／バイセクシュアル／Aセクシュアリティの温度差など。ぼくは以前、早稲田のあかねで開催された、セクシュアルマイノリティーのアクティヴィスト・日比野真氏のトークを聞きに行ったことがある。ゲイやレズビアンの人の間には、バイセクシュアルやトランスジェンダーの人への差別が根強いと聞いた。有名なゲイのアクティヴィストも、バイセクシュアルの排除に公然と開き直る発言をくりかえしている。たとえばぼくも見学に行った二〇〇二年の東京レズビアン&ゲイパレードが、その裏で何を排除し、見えなくしているか。しかし、そんなバイやトランスの人にさえ、別種の差別の感覚が巣食う時もあるだろう。それがまったくない、自分たちだけは加害者ではない、無垢な被害者だと言い切ると、すべてがおしまいになる。会場にはAセクシュアリティ(性欲がない、恋愛感情がないなどのセクシュアリティを否定するセクシュアリティを持つ人々)の女性もいた。少し話を聞いた。日本ではまだAセクシュアリティの人々のコミュニティや運動は、はっきりとは生じていないらしい。HPは出来た。

ぼくは東京レズビアン&ゲイパレードで、どこかのセクシュアルマイノリティー団体の人に、いきなりコンドームを押し付けられて、ひどく不愉快な思いを味わった経験を思い出した。ある特定のタイプの性の解放を唱えることが、別の何かを排除し、盲点化する。当り前と言えば当り前のこと。どこにでもあること。それゆえに永遠に片付かない難しさ…。そういうことを思った。

(★17) 丸川哲史の言葉。「これは(略)世界的な資本の構造の中で、狭義には冷戦構造の中で如何に日本が上手くやれてしまったか、ということのツケの問題でもある。(略)その滑稽さは、飢餓が根絶されたと思った瞬間に、拒食症や過食症が出て来る状況と似た滑稽さである。しかし考えてみれば、拒食症や過食症は、かつての飢餓の痕跡でもあるのだから、現在の拒食、過食だけを切りとって分析しても始まらない。さらにその拒食、過食は、現在の世界構造の中の飢餓との関係性によっても規定されざるを得ないだろう(主に向う側から)。言うまでもなく、私たちの日常生活は、第三世界の労働と資源に寄生しているのだから。そういった意味でも私たちは、「自立」できないのだ」(「国家・国民・国語と文学」『群像』二〇〇二年七月号)。

(★18) 渋谷望はこう述べる――ネオリベラルの蔓延する世界の下では、「人間は監禁される人間をやめ、借金を背負う人間」(ドゥルーズ)へと変質する。権力は姿を変える、いわば「債務を通じた統治」の形へと(「債務を通じた統治」)。たとえば、サッチャー政権下の白人労働者たちは、公営住宅の払い下げ(民営化)によって、中流階層=「ミドルクラス」の生活を手に入れた。しかし同時に、その中流の生活を維持するためにさまざまなローンを抱え、束縛される結果となった。労働者はミドルクラスの生活を言わば金銭で「買った」わけだ。

だが、「債務を通じた統治」が最も過酷に猛威をふるうのは、むろん、先進国と第三世界の関係においてだ。それは『ナニワ金融道』的な連帯保証人制度の悪用と暴力に酷似する。貸し手は先進国の大銀行、世界銀行、IMF。借り手は第三世界の政府、エリート層。連帯保証人は、第三世界の民衆。先進国は第三世界の「開発援助」の名の下に、第三世界の民衆たちを言わば多重債務者として束縛し、統治し、散々搾取しまくった。一九八〇年代、IMFは悪名高き「構造調整プログラム」の名目で、第三世界の債権回収に乗り出し、厳しい融資条件を課し、新たな借金を強制し、第三世界の社会保障費のカット・公務員の削減・公共料金の値上げと民営化・労働条件のフレキシブル化などを強引に推し進めた。

これは従来のタイプの強権的支配ではない。金銭を通した（それゆえわかりにくい）支配を意味する。現代の奴隷制の形は主に「債務関係」にある、とベイルズは述べている（『グローバル経済と現代奴隷制』）。

（★19）ネグリ&ハートの言葉。「地球全体にまで拡大した近代の帝国主義的な地理的変容と世界市場の実現が、資本主義的生産様式の内部における移行を示している。この移行を非常によく表わしているのは、世界の空間的三分割（第一・第二・第三世界）がごちゃ混ぜになった結果、第三世界のなかに第一世界が、第一世界のなかに第三世界が頻繁に見出されるようになり、第二世界はもはやほとんどどこにもないという状況である。いまや資本は、平らで滑らかな世界に直面しているようにみえる――より現実に即していえば、この世界は、差異化と均質化、脱領域化と再領土化が複合的に絡まり合った、新たな体制によって規定されているのだ」（『〈帝国〉』五頁）。

（★20）日本の年金制度はもともと「積立方式」（国民が支払った分を積み立て、将来の年金給付の時にこれを受け取る方式、いわば貯金型）として始まったが、高度成長と共に、次第に「賦課方式」（現役世代の保険料をそのまま年金世代の年金給付へ流す方式、いわば支えあい型）へ――中途半端な形で――シフトウェイトしてきた。政府はこれを「修正積立て式」と呼ぶ。このスキマに巨さな詐欺が生じた。

馬鹿げたことに、年金積立金（毎年の年金収入額から年金支出額を差し引き、将来の財源確保のために積立てられたもの。二〇〇一年で一四七兆円、二〇〇二年で一六二兆円と言われる）のうち約三分の二は、財政投融資制度などを介して、郵便貯金などと共に、特殊法人（公団・公庫・事業団など）へ貸し付けられている。これらの特殊法人では膨大な額の赤字が出、不良債権が焦げ付いているのに。しかも、この赤字と不良債権部分を、さらに多額の税金を投入して縫い合わせているのだ。

日本の財政の実態は、表面上の財務数値からはよくわからない。たとえば一般会計には実体がないと言われる。その八五％が特別会計や地方自治体や政府機関へと「横に」飛ばされ、繰り入れられているからだ。複雑な資金の出し入れの結果、隠れた赤字や不良債権は国民の目には表面化しない。政府は、赤字や不良債権を特殊法人や特別会計へ飛ばし、複雑な手続きをあえて取ることで、主権者である国民の目から正確なデータ情報を隠し、財政の「実体」を隠している。銀行も同じだ。その「無駄な」プロセスから、独占者たちが、膨大な利権を獲得する。本当に必要な情報は、一部のトップや官僚に独占される（金子勝『粉飾国家』参照）。

（★21）日本のサラリーマン（給与所得者）の税制は「源泉徴収＋年末調整」を特徴とする。年収二〇〇〇万円以下のサラリーマンは、事実上、自分で税務署に確定申告する「権利」を持たない。このシステムは、一九四〇年代から戦後にかけて構築された。ナチスドイツの方法論を真似たらしい（金子宏「わが国の所得税と源泉徴収制度」）。大方の先進国には、源泉徴収はあるが年末調整はない。確定申告は、市民が「税金」に関して考えるチャンスであり「権利」と考えられるからだ。アメリカでは確定申告は「デモクラシーの要」とされる（斎藤貴男『源泉徴収と年末調整』参照）。

日本では、納税者としての義務ばかりが強調され、納税者の「権利」はめったに主張されない。日本国憲法には「納税は国民の義務」という条文がある。しかし、こんな規定があるのは、実は日本・韓国・中国くらいらしく、たとえばアメリカ合衆国憲法には「議会は税金を課し徴収できる」と書いてある程度だ。もともと、憲法とは、国民国家の主権者＝国民が、国家（ひいては政治家など公務員）の暴走を抑止し、国民の側でコントロールするため制定される。原則的に憲法が国民を束縛する、では本末転倒だ。憲法のために国民があるのではない。国民のために憲法がある。国民が遵守すべきなのは各種の「法律」であり、逆に憲法は国民の「権利」を書き込む。ぼくらは、税金に関する基本的な感覚を見失ってないか。

（★22） 不思議なのは、日本人の国民感情としての奇妙な税金アレルギーだ。自分以外の誰かが「税金を使う」ことへの、強い抵抗感と憎悪がある（「税金をそんな風に使うなんて、国民感情として納得できませんよ」）。それは納税を憲法で国民の「義務」と規定されてしまったことへの、屈服感の裏返しかも知れない。税金の増額を止められやしないという諦めの感覚と、税金が自分の利益以外の誰かのために使われることへの感情的な反発…。そして自分たちの世代だけはうまく逃げ切りたいという世代エゴイズムと、自分たちはしょせん未来に利益を受け取れないから税金をなるべく払いたくない、払う必要はない、今現在をある程度享楽し消費できればいい、という若年シニシズムの断絶と並存…。

しかし実は、これらは同じコイン（構造）の裏表ではないか。心理的には他者に同情し何かを憂慮しても、生活と行動のレベルでは、実はどちらの世代も、自分（たち）のことしか真剣に考えてはいないからだ。くりかえすが、ぼくらは、税金に関する基本感覚を見失って来なかったろうか。

（★23） それだけではない。さらに警戒すべきは、人が不安定労働／失業／無業の境界＝閾を転々とのたうち、人生上真に衰弱し気弱になっている時に、その時にこそ優しく結婚詐欺的につけこんでくる他者（無意識ゆえにおそろしい！）、しかもあとからその優しさを歪んだ攻撃性（つけこまれた君が悪いだろう？）へ転ずることで人を真に回復困難なまでに損なう他者、その悪だ。つまりおそろしいのは、本当に衰弱した溺死寸前の人間を、最後の希望のように魅惑する何かだ。

（★24） たたかいの渦中には決して自分から足を踏み入れず、抗争の大勢が決まったあとにのこのこやって来て、「ボクにはこうなるとわかっていた、この混乱の原因は○○にあった」云々と冷静顔の分析をのうのうとしゃべくる奴。

誰かが尻拭いしてくれるとあてこんで、延々と周囲に無責任な場当たり的いちゃもんを吐き散らした挙句、肝心な時に現場から遁走する奴（もちろん現場の空気が落ち着けば再び何事もなかったかのように舞い戻ってくる。その攻撃性と暴れ方は、根本的気弱さの裏返しだ）。

そんな全体を遠くから眺め、利用できる何かだけを蜜を吸うようにうまうまと利用し、勝利者側に絶妙のタイミングで尻尾を振る奴…。

そんな有象無象がうごめく中で、傷と絶対暴力を被る他者の側は、まさにその決定権や条件や潜在能力を致命的に剝奪され続けているのに！（現実の子どもが常に無条件に犠牲者ではありえないとしても、「子どもら」とは、時にそんな存在かも知れない）

（★25）とはいえ、ここにおけるぼくの言葉はすごく傲慢な、思い上がったものと言える。そこでは目の前の／無限に遠い他者＝弱者の存在（とその強度や力能）が、わかりやすいもの、馴致可能なもの、とても小さなものと見積られていたかも知れないから。

当然だけれど現実はそんなに簡単にはできていない。人はなぜ〈弱さ〉をわかりやすく、あまりにわかりやすく理解し、理解したつもりになり、その上で他者の弱さを浅薄に愛したり、憎んだりするのだろう。たとえば「他者の存在を受け入れる＝歓待するべきだ」と言う時、それが強い者が弱い者を受け入れてやる、歓待してあげるという意味に捉えられれば、それはまずい。本当はまったく逆のはずだ。それは別の意味で他者を「わかったつもり」になることだと思う。

「付論」で述べるが、他者の真の《歓待》とは、ある意味で不可能なアクションであり（すべての真のアクションと同じく）、他者を歓待する側の人に何かを受け容れたという感覚がなく、また受け容れられた人にも受け容れられたという感覚がない、その時にだけ《歓待》が生じた、あとから振り返ったら生じていたとわかった、とかろうじて言いうるようなものだ。その限りで、「かれら」の存在にフォーカスを合わせる試みは、つねに根本的な失敗と無駄を約束されている。ぼくはつねに〈弱さ〉のありかを捉え損ね、致命的な勘違いをおかし、そのことでむしろ、目の前にいる他者たちの魂へ、無意識の暴力を振るい続けるだろう。

ある側面から述べると、ベタに捉えられると誤解されるかも知れないけれど、弱さというエレメント、弱者の中でもさらに排斥された弱者、そんなものはこの世にいやしない。この世の多元的な存在のポテンシャルを、それのみを絶対的に信じるために、そう主張しないといけない場面がたぶんある。この「弱者は存在しない」というテーゼは、あの「他者の存在をなかったことにする、もともと存在しないかのようにふるまう」暴力、致命的な暴力とは、ほんの少し違う。

でもぼくらはそこにもとどまれない。弱者の存在に関して何かを語ることの矛盾や難しさを骨身に叩き込まれ、無数の思い込みを粉砕機で叩き潰されたその上で、なお、ぼくらの世界を——そのふくざつさのまま——のみつくしていく世間圧力的な《暴力》の問題、他者の（能力や属性や生活水準ではなく）存在を刻々と消去していく《暴力》をめぐる本質的《エッセンシャル》な問題は、依然青白く燃え残り続ける。弱者＝他者をめぐって上空へ地上へ、不安定な旋回を続けるぼくらの言葉は、いつも奇妙にいりくんだ迷宮へと迷い込んでいく。

　事実、ぼくらは他者＝弱者について何かを語る／証言する／書く時、それらの不完全さ／欠落／錯誤を受け入れ、自分の言葉に刻みつけつつ、その先でなお何かを「書く」（ことをささやかに決断する）しかない。それでもなお、ぼくの言葉は、他者への致命的な《暴力》への転化＝腐敗に抵抗できないかも知れないが。

（★26）日本と韓国の非正規雇用者の交流・連合の場として「日韓非正規雇用フォーラム二〇〇二」が開催された。首都圏青年ユニオンのウェブ（http://www.seinen-u.org/）を参照。

引用・参考文献一覧

●フリーターについて

生田武志「フリーターに未来はない？」（http://www1.odn.ne.jp/~cex38710/2001.3.6.htm）
生田武志「フリーターは野宿生活化する？」（http://www1.odn.ne.jp/~cex38710/2001.2.7.htm）
岩木秀夫『ゆとり教育から個性浪費社会へ』（ちくま新書、二〇〇四年一月）
大澤真幸「自由な労働者？」（『世界』二〇〇二年二月号）
金子勝「未来が見えない」（『世界』二〇〇二年二月号）
香山リカ『就職がこわい』（講談社、二〇〇四年二月）
現代思想『特集・フリーターとは誰か』（青土社、二〇〇五年一月号）
玄田有史『仕事のなかの曖昧な不安——揺れる若年の現在』（中公文庫、単行本二〇〇一年一二月）
玄田有史『ジョブ・クリエイション』（日本経済新聞社、二〇〇四年三月）
小杉礼子（編）『自由の代償／フリーター——現代若者の就業意識と行動』（日本労働研究機構、二〇〇二年一二月）
小杉礼子『フリーターという生き方』（勁草書房、二〇〇三年三月）
小杉礼子（編）『フリーターとニート』（勁草書房、二〇〇五年四月）
斎藤貴男『希望の仕事論』（平凡社新書、二〇〇四年五月）
情況『特集・「J な主体？」と階級再編』（情況出版、二〇〇〇年六月号）
鈴木謙介「カーニヴァル・モダニティ・ライフ」（『波状言論』一一号〜二一号、隔号連載）
橘木俊詔『脱フリーター社会——大人たちにできること』（東洋経済新報社、二〇〇四年一一月）
長山靖生『若者はなぜ「決められない」か』（ちくま新書、二〇〇三年九月）
ピンク、ダニエル『フリーエージェント社会の到来』（ダイヤモンド社、原著二〇〇一年）

フリーター研究会『フリークーがわかる本！――フリーターでいいの？　フリーターがいいの？』（数研出版、二〇〇一年二月）
マッツァリーノ、パオロ『反社会学講座』（イーストプレス、二〇〇四年六月）
丸山俊『フリーター亡国論』（ダイヤモンド社、二〇〇四年七月）
宮本みち子『若者が〈社会的弱者〉に転落する』（洋泉社新書、二〇〇二年一一月）
村上龍「若年労働者の危機――未来のあるフリーター未来のないフリーター」（『ＪＭＭ』一三号、二〇〇一年五月）
毛利嘉孝『文化＝政治――グローバリゼーション時代の空間叛乱』（月曜社、二〇〇三年一二月）
山田昌弘『パラサイト・シングルの時代』（ちくま新書、一九九九年一〇月）
山田昌弘『パラサイト社会のゆくえ』（ちくま新書、二〇〇四年一〇月）
萬井隆令『バイト・フリーター一一〇番』（かもがわブックレット、二〇〇三年三月）

●不平等論

刈谷剛彦『階層化日本と教育危機』（有信堂高文社、二〇〇一年七月）
刈谷剛彦『教育改革の幻想』（ちくま新書、二〇〇二年一月）
斎藤貴男『機会不平等』（文春文庫、単行本二〇〇〇年一一月）
斎藤貴男『教育改革と新自由主義』（寺子屋新書、二〇〇四年五月）
佐藤俊樹『不平等社会日本』（中公新書、二〇〇〇年六月）
佐藤俊樹『００年代の格差ゲーム』（中央公論新社、二〇〇二年五月）
シーブルック、ジェレミー『階級社会――グローバリズムと不平等』（青土社、原著二〇〇二年）
橘木俊詔（編著）『封印される不平等』（東洋経済、二〇〇四年七月）
橋本健二『階級社会日本』（青木書店、二〇〇一年五月）

マルクス、カール『ルイ・ボナパルトのブリュメール一八日』（岩波文庫、原著一八五二年）
山田昌弘『希望格差社会——「負け組」の絶望感が日本を引き裂く』（筑摩書房、二〇〇四年一一月）

●底辺労働者・非労働者

安積純子ほか『生の技法——家と施設を出て暮らす障害者の社会学』（藤原書店、一九九〇年）
生田武志「「いす取りゲーム」と「カフカの階段」の比喩について」（http://www1.odn.ne.jp/~cex38710/game.htm）
生田武志「野宿者襲撃論」（初出『エフェメーレ』一号、http://www1.odn.ne.jp/~cex38710/attack1.htm）
井口泰『外国人労働者新時代』（ちくま新書、二〇〇一年三月）
ヴィルノ、パオロ『マルチチュードの文法』（月曜社、原著二〇〇一年）
上山和樹『「ひきこもり」だった僕から』（講談社、二〇〇一年一二月）
栗田隆子「襲撃者／傍観者でありうるあなたとわたしへの覚書」（『寿支援者交流会』二〇〇四年冬号）
小玉徹『ホームレス問題　何が問われているのか』（岩波ブックレット、二〇〇三年三月）
現代思想『特集・身体障害者』（青土社、一九九八年二月号）
厚生労働省「ホームレスの実態に関する全国調査報告書の概要」（平成一五年　http://www.mhlw.go.jp/houdou/2003/03/h0326-5.html#mokuji）
玄田有史&曲沼美恵『ニート——フリーターでもなく失業者でもなく』（幻冬舎、二〇〇四年七月）
斎藤環『社会的ひきこもり』（ＰＨＰ新書、一九九八年一一月）
斎藤環『ひきこもり文化論』（紀伊国屋書店、二〇〇三年一二月）
鄭暎恵『〈民が代〉斉唱——アイデンティティ・国民国家・ジェンダー』（岩波書店、二〇〇三年八月）
樋口明彦「現代社会における社会的排除のメカニズム——積極的労働市場政策の内在的ジレンマをめぐって」（http://slowlearner.oops.jp/paperarchives/higuchi_akihiko_social_exclusion_2004.pdf）

●女性労働者
有賀美和子『現代フェミニズム理論の地平』（新曜社、二〇〇一年一月）
上野千鶴子『ナショナリズムとジェンダー』（青土社、一九九八年三月）
桐野夏生『OUT』（講談社文庫、単行本一九九七年七月）
桐野夏生『グロテスク』（文藝春秋、二〇〇三年六月）
熊沢誠『女性労働と企業社会』（岩波新書、一九九七年二月）
竹中恵美子『労働とジェンダー』（ドメス出版、二〇〇四年八月）
野口やよい『年収1／2時代の再就職』（中央公論社、二〇〇四年七月）
ミース、マリア『国際分業と女性――進行する主婦化』（日本経済評論社、原著一九八六年）

●第三世界と先進国
岡真理『彼女の「正しい」名前とは何か――第三世界フェミニズムの思想』（青土社、二〇〇〇年九月）
渋谷望「債務を通じた統治」（『インターコミュニケーション』五〇号、二〇〇四年一〇月）
ジョージ、スーザン『オルター・グローバリゼーション宣言』（作品社、二〇〇四年八月）
ネグリ＆ハート『〈帝国〉』（以文社、原著二〇〇〇年）
ブリセ、クレール『子どもを貪り食う世界』（社会評論社、原著一九九七年）
ベイルズ、ケビン『グローバル経済と現代奴隷制』（凱風社、原著一九九九年）
ボネ、ミシェル『働く子どもたちへのまなざし――現代世界における子どもの就労』（社会評論社、原著一九九八年）

●日本の社会保障制度
五十嵐敬喜&小川明雄『公共事業は止まるか』（岩波新書、二〇〇一年二月）
小沢修司『福祉社会と社会保障改革――ベーシック・インカム構想の新地平』（高菅出版、二〇〇二年一〇月）
金子勝『粉飾国家』（講談社現代新書、二〇〇四年七月）
熊沢誠『リストラとワークシェアリング』（岩波新書、二〇〇三年四月）
根本孝『ワークシェアリング』（ビジネス社、二〇〇二年一月）
野村正實『雇用不安』（岩波新書、一九九八年七月）
広井良典『日本の社会保障』（岩波新書、一九九九年一月）
広井良典『定常型社会――新しい「豊かさ」の構想』（岩波新書、二〇〇一年六月）
渡辺治（編）『高度成長と企業社会』（吉川弘文館、二〇〇四年八月）

●福祉労働／福祉国家
エスピン＝アンデルセン、イエスタ『福祉資本主義の三つの世界』（ミネルヴァ書房、原著一九九〇年）
渋谷望『魂の労働――ネオリベラリズムの権力論』（青土社、二〇〇三年一〇月）
富永健一『社会変動の中の福祉国家』（中公新書、二〇〇一年八月）
中西正司&上野千鶴子『当事者主権』（岩波新書、二〇〇三年一〇月）
樋口明彦「正義論にケアの視点を導入する」（http://www.arsvi.com/2000/0401l9ha.htm）

●人権／生存権／存在権
大田のりこ（著）、大山典宏（監修）『プチ生活保護のススメ』（クラブハウス、二〇〇三年七月）
小泉義之『ドゥルーズの哲学――生命・自然・未来のために』（講談社現代新書、二〇〇〇年五月）

小泉義之『レヴィナス――何のために生きるのか』（日本放送出版協会、二〇〇三年三月）
小泉義之『生殖の哲学』（河出書房新社、二〇〇三年五月）
小泉義之「ゾーエー、ビオス、匿名性」（初出『談』七一号、『生命の臨界』人文書院、二〇〇五年、所収）
笹沼弘志「権力と人権――人権批判または人権の普遍性の証明の試みについて」（憲法理論研究会編『人権理論の新展開』敬文堂、一九九四年、http://www.ipc.shizuoka.ac.jp/~ebhsasa/p-and-hr.html）
笹沼弘志「現代福祉国家における自律への権利」（『法の科学』二八号、一九九九年、http://www.ipc.shizuoka.ac.jp/~ebhsasa/rightstoau.html）
笹沼弘志「国家による安心と夢の簒奪」（『現代思想』二〇〇三年八月号）

●セキュリティと労働

東浩紀『動物化するポストモダン』（講談社現代新書、二〇〇一年一一月）
東浩紀「情報自由論」（『中央公論』二〇〇二年七月～二〇〇三年九月号）
東浩紀＆大澤真幸『自由を考える』（ＮＨＫブックス、二〇〇三年四月）
五十嵐太郎『過防備都市』（中公新書ラクレ、二〇〇四年七月）
斎藤貴男『プライバシー・クライシス』（文春新書、一九九九年一月）
酒井隆史『自由論――現在性の系譜学』（青土社、二〇〇一年七月）
ライアン、デイヴィッド『監視社会』（青土社、原著二〇〇一年）
ライアン、デイヴィッド『9・11以後の監視』（明石書店、原著二〇〇三年）

●リベラリズム／リバタリアニズム／ネオリベラリズム

稲葉振一郎『リベラリズムの存在証明』（紀伊國屋書店、一九九九年七月）

稲葉振一郎『経済学という教養』（東洋経済新報社、二〇〇四年一月）
井上達夫『他者への自由――公共性の哲学とリベラリズム』（創文社、一九九九年一月）
ウォルツァー、マイケル『正義の領分――多元性と平等の擁護』（而立社、原著一九八三年）
大澤真幸「〈自由〉の条件」（『群像』一九九九年一月号～二〇〇〇年一二月号）
大庭健『所有という神話』（岩波書店、二〇〇四年七月）
笠井潔『国家民営化論』（光文社、一九九五年一一月）
鎌田哲哉「進行中の批評」（『早稲田文学』二〇〇一年一月～二〇〇二年一一月号）
セン、アマルティア『不平等の再検討――潜在能力と自由』（岩波書店、原著一九九二年）
セン、アマルティア『自由と経済開発』（日本経済新聞社、原著一九九九年）
竹内章郎『現代平等論ガイド』（青木書店、一九九九年一二月）
竹内章郎『平等論哲学への道程』（青木書店、二〇〇一年七月）
竹内靖雄『経済倫理学のすすめ』（中公新書、一九八九年）
立岩真也『私的所有論』（勁草書房、一九九七年九月）
立岩真也『弱くある自由へ――自己決定・介護・生死の技術』（青土社、二〇〇〇年一〇月）
立岩真也『自由の平等――簡単で別な姿の世界』（岩波書店、二〇〇四年一月）
土屋恵一郎『正義論／自由論――寛容の時代へ』（岩波現代文庫、二〇〇二年四月）
ノージック、ロバート『アナーキー・国家・ユートピア』（木鐸社、原著一九七四年）
ハイエク、フリードリヒ『隷従への道』（東京創元社、原著初版一九四四年）
藤原保信『自由主義の再検討』（岩波新書、一九九三年八月）
フリードマン、M&R『選択の自由』（日経ビジネス人文庫、原著一九八〇年）
ミル、J・S『自由論』（岩波文庫、原著一八五九年）

森村進『自由はどこまで可能か――リバタリアニズム入門』（講談社現代新書、二〇〇一年二月）
森村進（編著）『リバタリアニズム読本』（勁草書房、二〇〇五年三月）
ロスバード、マリー『自由の倫理学――リバタリアニズムの理論体系』（勁草書房、原著一九九八年）
ロック、ジョン『市民政府論（政府二論）』（岩波文庫、一六九〇年）
ロールズ、ジョン『公正としての正義』（木鐸社、日本版編集一九七九年）
ロールズ、ジョン『公正としての正義　再説』（岩波書店、原著二〇〇一年）

●交換形態と資本制

ウォーラーステイン、イマニュエル『史的システムとしての資本主義』（岩波書店、原著一九八三年）
ウォーラーステイン、イマニュエル『ユートピスティクス』（藤原書店、原著一九九八年）
大澤真幸『身体の比較社会学・Ⅱ』（勁草書房、一九九二年九月）
大澤真幸『性愛と資本主義』（青土社、一九九六年七月）
柄谷行人『マルクスその可能性の中心』（講談社学術文庫、単行本一九七八年七月）
柄谷行人『トランスクリティーク』（批評空間社、二〇〇一年九月）
立岩真也&小泉義之「生存の争い」（初出『現代思想』二〇〇四年一一月、『生命の臨界』人文書院、二〇〇五年、所収）
デリダ、ジャック『死を与える』（ちくま学芸文庫、原著一九九九年）
デリダ、ジャック『アポリア』（人文書院、原著一九九四年）
ブラウン、マイケル・バラット『フェア・トレード』（新評論、原著一九九三年）
マルクス、カール『資本論』（岩波文庫）
ランサム、デイヴィッド『フェア・トレードとは何か』（青土社、原著二〇〇二年）

●その他

アガンベン、ジョルジョ『ホモ・サケル』(以文社、原著一九九五年)
アガンベン、ジョルジョ『人権の彼方へ』(以文社、原著一九九六年)
上野俊哉&毛利嘉孝『カルチュラル・スタディーズ入門』(ちくま新書、二〇〇〇年九月)
奥平康弘&宮台真司『憲法対論――転換期を生きぬく力』(平凡社新書、二〇〇二年一二月)
奥村宏『倒産はこわくない』(岩波アクティヴ新書、二〇〇二年一月)
斎藤貴男&高橋哲哉『平和と平等をあきらめない』(晶文社、二〇〇四年六月)
酒井隆史『暴力の哲学』(河出書房新社、二〇〇四年五月)
桜井哲夫『〈自己責任〉とは何か』(講談社現代新書、一九九八年五月)
高橋祥友『中高年自殺』(ちくま新書、二〇〇三年五月)
ベンヤミン、ヴァルター「暴力批判論」(『ベンヤミンの仕事』岩波文庫、原著一九二一年)
ベンヤミン、ヴァルター「複製技術の時代における芸術作品」(『ベンヤミンの仕事』岩波文庫、原著一九三六年)
マルクス、カール『ヘーゲル法哲学批判序説』(岩波文庫、原著一八四四年)

●資料、WEBなど

リクルート社『フリーター白書』(二〇〇〇年)
厚生労働省『国民生活白書――デフレと生活　若年フリーターの現在』(二〇〇三年、http://www5.cao.go.jp/seikatsu/whitepaper/h15/honbun/index.html)
厚生労働省『賃金構造基本統計調査』(http://wwwdbtk.mhlw.go.jp/toukei/kouhyo/indexk-roudou.html)
総務省統計局『労働力調査(労働力調査特別調査)』(http://www.stat.go.jp/data/routoku/)

文部科学省『学校基本調査』(http://www.mext.go.jp/b_menu/toukei/001/index01.htm)
首都圏青年ユニオン (http://www.seinen-u.org/)
Freezing Point (上山和樹) (http://d.hatena.ne.jp/ueyamakzk/)
Lastdate (生田武志) (http://www1.odn.ne.jp/~cex38710/lastdate.htm)
VITA PUELLAE (栗田隆子) (http://www.h7.dion.ne.jp/~ryu007/)

あとがき

フリーター論はたくさん書店やウェブ上で見かけるようになりました。でも、フリーター当事者のねじれた生活の《現場》に本当に根ざした言葉は、奇妙に少ない気がしました——学者や識者が、高みから山ほど「フリーター」を分析し、好き勝手に切り刻んでいるけれど。

もちろん、当事者が無条件に正しいわけではありません。当事者ゆえに見えなくなるブラインドも無数にある。それでも、当事者たちの持続的な生活の中から、泥や糞尿にまみれて醸成される言葉や思考のポテンシャルは確かにあって、それがもう少し雑草的に世にひろがって根を張ってもいい。時代がぼくらに強いる弱さ／空虚／泥濘《ぬかるみ》に沈むのがいいとは言えないけれど、この生活の底でもがき続ける日々を通してのみ勝ち取られる何かが、シンプルに、「別の」形でありはしないか。ぼくは蛇行と試行錯誤の最後に、そんなものの価値、差し込むかすかな月明りを自分の内臓で信じました。

「フリーター」とくくられる人々は、意識も価値観もバラバラな雑多な群れですが、ぼくは個人的な事情をいうと、その中でも最も過酷なタイプの現実を強いられたフリーターではありません。現状がいかに不安定で苦しくとも（苦しい？）、そのほとんどは、ぼくの人生上の選択ミスと自業自得の産物でしかない。略歴からもわかる。フリーターエリートと批判されても仕方ない。本当にそうなのです。つまり、ぼくはポジションの潤沢な「水増し」を前提に、本書で何かを述べ何かを主張している――まずはその条件（のずれとギャップ）を、皆さんにはっきりと伝えておきたいと思いました。

でもその先で、ぼくはなおその水増しされた水位から顔を出し呼吸し、何かを本音で述べられるのでなければ。くらい水底の岩盤から削り取ってきた自分の「信」の感覚を、現実の側へ投げ返し、盲信とは違う形で貫き通さねば――約三年の間、ささやかなこの文章をのろのろと書き溜めながら、徐々にそんな感覚＝生活原理を、腹の底に蓄えて来ました。これは私的な問題にとどまらない。ぼくは別に、無限の多様さを含む「フリーター」の代表ではないし（そんなはずがない！）、「フリーター」問題がぼくの人生のすべてを代表するわけでもありません。

ジェレミー・シーブルックというイギリスの作家・ジャーナリストは、こう書きます。

> 女性差別や人種差別に対する反対運動、性的指向の多様性を認知するよう求める運動は、それがどれほど啓発的なものであるとしても、西欧社会が現在置かれている特権的状況にその多くを負っている。このことは、世界で最も搾取され、虐げられた人々、つまり、グローバルな階級構造の底辺に位置している人々が白人以外の女性であるという事実を見逃すことにもなりかねない。貧しい国々では、レズビアンやゲイの置かれた困難な状況についてはまだ議論さえ始められていないのである。
>
> （『階級社会』）

ぼくは、このタイプの言葉の「正しさ」を純度一〇〇％で認める。その根拠と、しかしその正しさの先にそれでも沈澱してゆくビミョウなわだかまりに関しては、本論で何点か触れました。

注意を要しますが、この人の分析は、グローバリズムの中で進んでいく「新たな」階級の問題をターゲットとする。先進国の豊かさを、単純に、第三世界の貧しさの側から——先進国で生きる彼自身の足元を検証せずに！——切り捨てているわけではない。それでも、各種の過酷なマイノリティ層でさえ「先進国」に生れ落ちた事実の蜜と恩恵をたっぷり享受していると彼は言い切るのです。いわんや、マイノリティ層でさえない日本の若年フリーター層においてをや！　この転倒の中で彼の言葉は灼熱する。そう考えなければ、苛立たしさをまとう彼の批判の槍は、その熱と炎を冷却させ、ぼくらの急所を鋭くえぐることもなくなる。

日本型のフリーター労働層の生存スタイルに即して考えたいのは、「親や誰かへの依存を断ち切り、自立を試みるが、現実の濁流に押し流され結果的になかなかそれができない人々」のことでした。あるいは、何とか現在は経済面で自立できていても、流動する状況に何度も翻弄され、いつでも他者（家族やパートナー）への依存状況へ陥りかねない——将来、野宿生活者化するかも知れない——そんな人々の人生、ごろりと転がる鉱物みたいに、よく似ているけれど一つも同じ形状ではない…。

ぼくは、あなたたちが生活の中で強いられたその〈揺れ動き方〉の切実さと重みを、むしろそれだけを、今ははるか微光のように信じます。「正しさ」なんてそれ自体ではちっとも怖くありません。本当に怖いのは、それを含めすべてをのみつくしていく貪婪《どんらん》な何かだから。そんな何かの胸にじかにふれられたなら。そう祈りました。祈りながら、この文章を書いていました。

弱者救済や同情の話ではない。そもそも人間には他人を「救う」ことはできない。せいぜい自分をわずかずつマシな人格と境遇に押し上げられるくらいだし、その漸進的努力を通じて、遠く・近くで生きる他人たちの胸元へ、間接的に何か素晴らしいものの気配を閃《ひらめ》かせ、示しうるくらいだから。

たとえば……何ヶ月かハローワークに通いネットを駆使し人脈をたどり各社で面接を受けたが落ちまくった。不採用の通知さえ来ない。金も気力も尽き果てた。使い捨て型正社員や日雇や派遣や時給七八〇円のコンビニに採用された。藁《わら》にすがって働いた。働けば働いたで、灰色の日々の中で「これでいいのか」と不安や陰鬱さが染み出す。暗い何かが自分の中で刻々と鬱血し、澱《よど》んでゆく。相変らず貯金はない。あってもわずかだ。働き続けるしかない。時が過ぎる。淡々と年を取っていく。それでも日常の泥濘の中でもがき続ける。そんなあなたたちの話だ、これは。

一生涯、不安定な身分を脱せられないのか、自分は。なぜか共稼ぎするパートナーも誰も残らなかった（どうせ自業自得なんだろう）。いつ家賃が払えず路頭に迷うんだ。時折聞こえる野宿者の問題も人ごとではまったく考えていない。考えられない。――そういう話ではないのか。自分が悪い、努力が足りない、能力が足りない。そうかもしれない。いや、きっとそうなんだろう。でもよかろうが悪かろうが、自分の魂をすりこぎにし続ける周囲の圧力や屈辱に耐えて、ぼくらは未来へ足を踏み出し、生き続けるしかない。その先でこのどうしようもなさを断ち切っていくしかない。

ぼくらは、シンプルに「一生ずっとフリーターは可能だ」と言い切るべきです。

そう言い切るための社会条件を一つひとつ模索し、（空想的逃避ではなく）現実の中で勝ち取ってゆくべきです――フリーターこそが真に人間らしい働き方だ、という自己勝利化の幻想から覚めて。

なぜ？
多業種を含み流動性を帯びたフリーター的な不安定労働者たちは、絶対に今後も増え続けるから。独立不羈《ふき》の能力勝者と、生存維持に支援《サポート》が必要な社会的弱者の狭間で、この世にはそう生き続ける他ない人々の問題、その奇妙な絶望と見えない傷口の問題が、必ず残り続けるから。しかも、自分で選んだ結果とは言い切れず、さまざまな事情や「たまたま」の条件（学歴、性別、親の所得、地域差、障害の有無）から強いられ、そんな人生に隷属し続ける人々の虐げられた生、ブラックホールにのみこまれた生が。
ぼくは「能力のない人間は遺棄されても死んでも仕方ない」のすべてを絶対に拒絶したい！

本書の議論はあちこち枝分かれし、焦りすぎた部分、勉強が足りず練《ね》りの不足した部分が山ほどあると思います（特に女性労働／学歴問題／地方格差…の問題に関しては、議論は完全に不十分）。素人独学ゆえの勘違いも無数に含まれるでしょう。出版の幸運を喜びつつも、次第につのる不安と逡巡は、最後まで断ち切れませんでした。ただ、もうそれを「沈黙」の理由にはできない、とも感じました。すでに足を踏み出しました。あとは皆さんの根底的な批判を待ちます。

第II部の冒頭で述べましたが、本書では実践論（オルタナティヴ）には着手できませんでした。ただ、今の仕事の積み重ねから次第に粘土状に形をなしつつあるアイディアが若干あり、方向性はこれしかないかな？　と今は感じる。でも、本来の第II部にまかれた種子は、文字通り、ぼくが個人的な生活を通して実践し、開花させるしかありません。五年後くらいに始められればと今は漠然と考え、準備を進めています。万事鈍いけれど。

また今後のフリーター論の展開＝網状化に関しては、これも漠然と、いくつかのアイディアがあります。

いろんなメディアや伝達経路を通し、《フリーター階層問題》を多元的にネットワーク化し、フリーターの生存を「見えるもの」――偏見的な肯定／否定の対象ではなく――にしてゆきたい、私的所有の原理主義に抗し、「別の」対抗原理（平等・分配）を突きつけ続けたい、今は強くそう感じます（当面は生活上の多忙さに追われ、足元をやっつけ仕事《ブリコラージュ》的に固めるのに精一杯で、定期便的かつ状況の核を射抜くタイプの発信がろくにできないけれど）。

本書のぼくの言葉は、奇妙に灰色で重苦しく響くかも知れません。

でも特に悲観も楽観もしていないのです。ただ、自分が本当にやるべきことを淡々とやりたいし、やらなければと思うし、それくらいしか自分にはできないなと思う。

このささやかな一冊が、日々の労働生活から来る現在進行形の無数の苦難を、未来へむけてなだれ落ちていく《どうしようもなさ》（helpless）を、皆さんがありきたりの勇気と共に受け入れ、よりよい生活と幸福へ向かって独立独歩で踏み出すための、小さな礎《いしづえ》に、いや、そのひとかけらになれたら心から嬉しいのですが…。ナイーブな羞恥《しゅうち》と共に、それが今の率直な気持ち。「目的は瓦礫ではなく、瓦礫の中を縫う道なのだ」（ベンヤミン）。

もちろん、このささやかな本を上梓したくらいでぼくの内的な何かが改善されるわけはないし、人生はそんなに簡単なはずがないんだけれど。真の実践の必要は本当はこれからだし、なだれ落ちる現実の渦中で何もかもが一つひとつ積み重ねられて行くでしょう、きっと。

最後に。

無名のぼくの文章を書籍の形で世に問うチャンスを与えて下さった人文書院の方々に感謝を。とりわけ、見知らぬぼくのウェブを見て、ある日メールをくれ、出版依頼をくれ、その後もたくさんのアドバイスをくれた編集者の松岡隆浩さんに、心から感謝を。本当にありがとう。

また未完成原稿に意見・異見をくれた生田武志、大澤信亮、栗田隆子、松井勇の各氏に。

そしてぼくの人生に無数の傷口と「よさ」をくれた父親、母親、本多清子、長谷川剛、和田英行に限りなく感謝します。


——よりよい人生を！

●なお、杉田の連絡先は sssugita@hotmail.com です。また個人ホームページのURLは http://www5c.biglobe.ne.jp/~sugita/（「批評的世界」で検索すれば多分引っかかります）。その中で「フリーターズ・フリー」(http://www5c.biglobe.ne.jp/~sugita/ff.htm) という掲示板の管理人をやっています。よければ見に来て下さい。共に何かを考え、何かを変えていければ、嬉しく思います。

著者略歴

杉田俊介（すぎた　しゅんすけ）

1975年、神奈川県川崎市生れ。法政大学大学院人文科学研究科修士課程修了（日本文学専攻）。
卒業後アルバイトを転々とし、3年前より、川崎市で障害者サポートＮＰＯ法人勤務。
現在、ヘルパーとして障害者福祉の仕事にあたる。
批評誌『エフェメーレ』主宰。
ホームページ
「批評的世界」http://www5c.biglobe.ne.jp/~sugita/
メールアドレス　sssugita@hotmail.com

フリーターにとって「自由」とは何か

二〇〇五年一〇月二〇日　初版第一刷印刷
二〇〇五年一〇月二五日　初版第一刷発行

著　者　杉田俊介
発行者　渡辺睦久
発行所　人文書院
〒六一二-八四四七
京都市伏見区竹田西内畑町九
電話　〇七五（六〇三）一三四四
振替　〇一〇〇〇-八-一一〇三

印刷　創栄図書印刷株式会社
製本　坂井製本所

JIMBUN SHOIN　Printed in Japan
ISBN4-409-24072-2　C1036
JASRAC 出0511920-501